TROIS SEMAINES

A

VICHY

EN AOUT 1857,

PAR

M. BOUCHER DE PERTHES.

PARIS,

Jung-Treuttel, Libraire, rue de Lille, 19.
Derache, rue Montmartre, 48.
Dumoulin, quai des Augustins, 13.
V^{or} Didron, rue St-Dominique-St-Germain, 23.

1866.

TROIS SEMAINES

A VICHY

EN AOUT 1857. (1)

———

8 août 1857.

A Mme LA BARONNE TILLETTE DE CLERMONT-TONNERRE (2),
AU CHATEAU DE CAMBRON.

On veut que j'aille aux eaux pour me rendre un peu plus ingambe. En effet, j'en ai besoin ; mes articulations se roidissent, mes jarrets ont perdu de leur élasticité, et ma peau, naguère si unie, dissimule assez mal mes os ; bref, le drap était bon, mais il commence à se râper. Vichy doit réparer tout cela ; va donc pour Vichy.

Pour que vous puissiez juger, ma chère Noémï, des

---

(1) Ces lettres sont extraites du tome VII de l'ouvrage de M. Boucher de Crèvecœur de Perthes, intitulé : *Sous dix Rois, Souvenirs de 1791 à 1865.*

(2) Née Boucher de Crèvecœur et nièce de l'auteur.

vertus effectives de ces eaux que les uns disent bonnes à tout et les autres à rien, selon qu'ils s'en sont bien ou mal trouvés, je vous ai promis de vous rendre compte de mes impressions de voyage par terre et par eau, c'est-à-dire du bain à la douche et de la douche au verre d'eau. Fidèle à ma promesse, j'entre en matière, non pour vous apprendre encore comment on prend les eaux, mais comment on va les prendre.

Nous sommes au 7 août, il fait beau, il est huit heures du matin, c'est l'heure du train express de Paris. Me voici en wagon et en pays de connaissance : j'y trouve le vicomte Gabriel de Valanglart, la marquise de Touchet et son mari. On voit que je suis en bonne compagnie, mais la vapeur court vite, et le but du voyage de mes compagnons est un château voisin : ce n'est donc qu'une apparition. Après eux, que rencontrerai-je ? — C'est toujours une question qu'on se fait en voyage, en se berçant, surtout lorsqu'on quitte des amis, du gracieux espoir de ne rencontrer personne. Je l'avouerai à ma honte, ce rêve, je le fais souvent : j'aime la solitude du wagon ; alors on y dort ou l'on y songe, et l'on arrive sans s'en apercevoir.

D'Abbeville à Paris, c'est l'affaire de quatre à cinq heures. Dans ma petite jeunesse, un respectable carosse à quatre places que je vois encore d'ici, mais où l'on savait se loger six, vous y conduisait en deux jours et demi. On couchait deux nuits en route, et le troisième jour on arrivait vers midi. Le propriétaire du carosse et des chevaux était un monsieur Daigremont, ou plus familièrement, le père Daigremont. Il en était aussi le cocher, ne s'en rapportant qu'à lui-même du soin de bien conduire, c'est-à-dire d'aller le moins vite possible pour ménager ses chevaux, lesquels, de leur côté, reconnaissants de cette attention, faisaient consciencieusement leur lieue à l'heure, arrivant toujours ainsi au quart-d'heure fixé pour la dînée et le coucher.

La voiture de Daigremont ne partait pas à jour fixe; il fallait attendre chargement complet, et il n'était pas toujours facile de trouver dans notre capitale du Ponthieu six personnes qui se décidassent à faire ainsi quarante-deux lieues. Alors c'était un grand voyage accompagné de plus d'un péril : d'abord celui d'étouffer : six personnes dans une voiture à quatre places y sont nécessairement soumises à une pression apoplectique. Ensuite on parlait encore des *chauffeurs,* sorte d'industriels qui grillaient les pieds des gens pour savoir d'eux où ils mettaient leur argent. Il faut dire à leur décharge qu'ils ne s'attaquaient guère qu'à ceux qui en avaient : aux propriétaires de châteaux, aux gros fermiers, etc. Ils n'ignoraient pas qu'alors, quand les routes étaient si mal famées, on n'y portait guère son coffre-fort avec soi, et que les détrousseurs de voitures en étaient souvent pour leur frais. Nos chauffeurs, travaillant en grand, ne raisonnaient donc pas mal en ne s'amusant pas à retourner les poches des passants.

Mais malheureusement pour ceux-ci, tous les coureurs d'aventure n'étaient pas si délicats : le Cartouche picard, le célèbre d'Amerval, bon gentilhomme ma foi, fidèle à la tradition, opérait selon l'ancienne méthode. Les arrestations sur la grand'route n'étaient donc pas rares. Pendant quelques années, elles furent même si communes qu'il était d'usage, en partant, de faire deux bourses, dont une dite *des voleurs,* sans préjudice des armes bonnes ou mauvaises dont chacun se pourvoyait selon ses moyens. Je me souviens que mon père, lorsque j'étais écolier, ou vers 1802, m'ayant envoyé en vacance à Paris, me donna pour viatique deux bons pistolets chargés et amorcés, et ma mère y joignit sa canne à épée, car en ces temps les femmes aussi marchaient armées. J'ai précieusement conservé l'épée de ma mère, lame triangulaire dite *carrelet,* d'excellent acier, longue d'un mètre, contenue dans un jonc qui n'avait guère plus d'un centimètre de diamètre (1).

Lorsque la berline de Daigremont cheminait, elle n'était donc pas, plus qu'une autre, dépourvue de ses moyens de défense. Chaque voyageur y apportait son contingent d'armes, en ayant soin de les laisser voir. On croyait généralement que le départ des voitures était espionné par les agents des voleurs ou les voleurs eux-mêmes, et que ce déploiement d'instruments de guerre prévenait les attaques. Jamais, sauf une seule

---

(1) Voir les journaux de modes de la fin du siècle dernier ou du commencement de celui-ci, et quelques tableaux et portraits du temps : toutes les femmes d'une certaine classe y sont représentées la canne à la main, et ces badines, si inoffensives en apparence, cachaient une arme meurtrière. Les cannes des hommes n'étaient pas moins formidables; non-seulement elles contenaient des épées, dagues, poignards, mais des pistolets, des fusils à vent, etc. Il ne fallut pas moins d'une ordonnance et des peines sévères pour faire cesser cette mode dangereuse Il devrait y avoir au musée d'artillerie une division des armes secrètes et défendues, et une galerie des armes de femme. L'armure de Jeanne d'Arc ou son *fac simile* en ouvrirait la série, ainsi que la hache de Jeanne Hachette. Sous un autre rapport, l'arquebuse de Catherine de Médicis, arme qui existe encore, y trouverait place.

fois, et sans mort d'homme, la voiture d'Abbeville n'avait été arrêtée, peut-être parce qu'elle ne cheminait que le jour et que notre prudent cocher se mettait volontiers à la suite de quelqu'autre berlingot suivant la même voie. Ce n'était pas plus prompt, mais c'était plus sûr.

On avait donc confiance en la berline Daigremont, et l'entreprise prospérait, quand une concurrente vint lui disputer la faveur publique. — Un capitaliste nommé Toulouse prétendit qu'il conduirait les Abbevillois à Paris d'un soleil à l'autre, c'est-à-dire en vingt-quatre heures : c'était près de deux lieues à l'heure. Personne ne voulait croire à ce prodige de célérité. Néanmoins, à quelque chose près, il eut lieu, et une voiture à relais, une diligence véritable, qui, du nom de son créateur, fut nommée Toulousine, partit d'Abbeville deux fois par semaine et fit le trajet, sans s'arrêter, en un peu moins de trente heures. Il est vrai qu'on arrivait à Paris moulu : l'énorme coche, construit pour transporter à la fois voyageurs et marchandises, n'était rien moins qu'un lit de rose, un peu par la faute des chemins alors médiocrement entretenus ; mais on en était quitte pour se coucher en arrivant, et après vingt-quatre heures de repos, il n'y paraissait plus.

C'était une grande amélioration sur la locomotive Daigremont qui, pour accomplir, sans quitter le pas, sa lieue à l'heure, obligeait trois jours de suite ses voyageurs à se lever à quatre heures du matin. Ajoutez que la dépense des dîners, des soupers et de deux nuits d'auberge, doublait au moins celle de la voiture. Plus économique et plus rapide, la Toulousine eut la vogue.

Les amateurs affluèrent; il partit d'Abbeville jusqu'à dix voyageurs par semaine, soit quarante par mois. Encore était-il nécessaire de retenir sa place huit jours à l'avance, mais ceci n'arrêtait personne, et bien des notables qui, depuis trente ans, projetaient ce voyage, se décidant enfin, l'avaient bravement réalisé.

C'était alors une grande entreprise, et l'avoir menée à bonne fin devenait un titre à la considération publique, car sur dix-neuf mille habitants, on en comptait bien dix-sept mille n'ayant jamais mis le pied dans ce Paris si vanté, et qui avaient bien peu d'espoir de l'y mettre. C'était pourtant le rêve que faisaient toutes les filles à marier, et souvent une des conditions qu'elles mettaient à leur consentement, condition qui, je dois le dire à la honte des maris, n'était pas toujours remplie, et qui, ajoute la chronique, a amené plus d'une infortune conjugale. Le plus grand voyage des Abbevillois se bornait ordinairement à celui d'Amiens, que favorisait un coche d'eau qu'on nommait aussi la diligence, laquelle exécutait en seize heures, lorsque le vent contraire ne s'y opposait pas, la traversée de dix lieues qui séparait les deux villes.

Cette navigation se faisait à la remorque : la vapeur était encore inconnue. Quant aux chevaux, c'était trop cher ; les hommes coûtaient moitié moins. Sous le titre d'équipage, on en formait un attelage qui, patron en tête et corde en sautoir, traînait le bateau. La traction faisait ici l'office de vent et de marée. Le pilote seul, attaché au gouvernail et chargé d'éviter les bas-fonds, avait le privilége de ne pas quitter le bord. Ah ! c'était le bon temps pour le voyageur qui n'était pas pressé, mais le métier était dur, pour les pauvres mariniers devenus bêtes de somme. Il est vrai qu'il se trouvait assez souvent des passagers de bonne volonté qui, pour se désennuyer ou se réchauffer les pieds, allaient bénévolement renforcer l'équipage et s'atteler au cordeau. Il fallait entendre alors les cris joyeux de ceux qui étaient restés à bord et les battements de mains des dames, quand ce renfort de bras parvenait à imprimer au lourd navire un mouvement un peu plus vif. C'est ainsi qu'après le calme qui les a arrêtés loin du port, les navigateurs saluent le retour de la brise.

Quelque dix ans plus tard, nous avons vu les chevaux prendre ici la place des hommes, mais ce ne fut pas sans grande réclamation de ceux-ci qui voyaient là une usurpation d'état et la ruine d'une industrie qu'ils pratiquaient de père en fils dès avant l'invasion des Gaules par César, et qu'exercent encore aujourd'hui les femmes et les filles des propriétaires de bateaux pour le transport des tourbes et des légumes allant d'une commune riveraine à une autre.

Quant à moi, écolier, ces voyages d'Abbeville à Amiens par le coche faisaient mes délices; je trouvais toujours qu'on partait trop tard et qu'on arrivait trop tôt. Je pêchais à la ligne durant la route, et lorsque je parvenais à prendre une ablette, une brème ou ce qu'on nomme ici le poisson *blanc*, si bien pourvu d'écailles et d'arêtes que les chats même n'en veulent pas, j'étais le plus heureux des mortels, et j'aurais passé la semaine à bord sans trouver le temps trop long. Ajoutez que quand je m'ennuyais d'avoir le bras tendu sans rien prendre, je ne me refusais pas le plaisir de sauter à terre et d'aller tirer à la cordelle, m'imaginant que le bateau allait, grâce à la vigueur de mon bras, remonter le courant comme une corvette vent arrière et marchant à toute voile.

Plus d'un demi-siècle s'est écoulé depuis que ces choses se passaient, et alors il n'était personne qui n'eût pris pour un fou celui qui aurait dit qu'on accomplirait en deux heures ce trajet qu'on faisait à peine en seize.

C'est ainsi qu'en rêvant cordelle et poisson blanc, j'arrivai à Paris sans avoir eu d'autre compagnie qu'un jeune Anglais qui, lui, avait employé son temps à mettre et ôter ses gants : c'est une occupation comme une autre. Je comptai qu'il les mit trente-sept fois et les ôta trente-six. A la trente-septième, il les garda pour me dire *adiou,* le seul mot français qu'il sût.

Au revoir, ma chère nièce ; en voilà assez pour aujourd'hui. D'ailleurs, ma feuille est remplie ; tout y est noir, même les marges. Mes amitiés à votre mari.

Paris, 9 août 1857.

A LA MÊME.

Me voilà installé rue du Mail, à mon hôtel ordinaire, où je dîne bien, chose expressément recommandée comme mesure préparatoire au régime des eaux, qui en général exige un bon estomac, car il a là fort à faire. Tout habitué des eaux sait que la prescription première faite au malade est d'employer à table toutes les heures qui ne sont pas prises pour la promenade et les bains, la diète étant mortelle durant le traitement.

Le vin, quand il est bon, n'est pas non plus défendu, et le café est fort recommandé, en ayant soin de le prendre chaud, et de vrai moka s'il est possible. Bref, la cuisine et la cave sont les auxiliaires obligés de la pharmacie aquatique et de la médecine thermale.

Vous me demanderez, ma chère Noémï, où j'en ai tant appris?—C'est dans deux excellents livres, desquels je vous engage à vous munir toujours en voyage : *le Cuisinier français* et le *Guide du voyageur aux eaux*.

Ne pouvant faire de visites, vu qu'à Paris, après dîner, on ne trouve personne, je vais au concert Musard installé à l'ancien hôtel d'Osmond, où, moyennant un franc, on a promenade et musique très-bonne. Aussi la foule s'y porte, et l'on y rencontre les grandes et les petites dames, sans compter les moyennes.

Le dimanche 9, je vais à l'exposition de tableaux. Ce n'était guère l'instant, mais je devais partir le lendemain. Ainsi que je m'y attendais, les portes étaient assiégées; il y avait une queue qui eût fait honneur à une comète, et à la suite de laquelle il fallut bien me mettre.

Le jour du Seigneur est ici le jour du peuple; il y est souverain. Pour l'instant, sa majesté paraissait de bonne humeur : la queue était pacifique. Selon son habitude, l'insouciant badaud y charmait ses loisirs par de bons mots : chaque groupe avait son conteur.

Celui dans le rayon duquel je me trouvais était un petit bossu racontant l'histoire d'un de ses amis qui voulait se régaler d'artichauts dont, selon le conteur, il n'avait jamais goûté. Or, cet innocent herbivore mangeait les feuilles par la pointe, comme font les ânes des chardons, ce qui, ajoutait-il, les dispense d'y mettre du poivre. Mais notre amateur d'artichauts avait le palais moins bien trempé, et trouvait le régal par trop piquant.

La crinoline seule troublait cette harmonie populaire. On ne saurait s'imaginer combien cette parure a rendu, à Paris, les femmes irascibles : en s'entourant de ces flots d'étoffes aux couleurs chatoyantes, en s'ébouriffant sous leurs plumes, ces dames ont pris quelque chose de la fierté du paon et en même temps de la susceptibilité d'un autre oiseau au front pourpré, souvent cité comme la personnification de la colère.

Cette queue frétillante où elles s'étaient assez étourdiment engagées, causait donc un terrible tintouin à nos aventureuses beautés. A chacune de ces oscillations, tremblant pour l'économie de leur toilette, on les voyait froncer le sourcil et jeter autour d'elles des regards assez peu bienveillants, toujours prêtes à s'en prendre à leurs voisins bien innocents pourtant de la cause de leurs soucis : que pouvaient-ils contre ce flux et reflux? Chaque groupe n'est ici qu'une vague de cet océan humain, calme encore, mais qu'un souffle peut soulever jusqu'à la tempête. Alors sauve qui peut.

Heureusement nous n'en sommes pas là, il n'y a encore en danger que les robes. Cette réflexion, je la fais tout bas, car si elle eût été entendue d'une voisine, elle m'eût valu quelque rude apostrophe : « Que les robes ! se serait-elle écriée ; mais n'est-ce pas assez ? Ma crinoline, c'est moi. » — Aussi, telle belle peu effarouchée si on lui prend la taille, vous défigurera si vous avez le malheur de froisser un de ses volants. Quant à briser un des ressorts soutien de la colossale enveloppe dont je ne puis comparer la circonférence qu'au bourdon de Notre-Dame, il n'est pas de supplice qui puisse expier un tel crime. Malheur au maladroit qui s'en est rendu coupable! fût-ce un frère, un mari, un amant même, on ne le lui pardonnera pas, et toutes les femmes présentes, sauf une rivale peut-être, uniront leur haine à la haine de l'offensée.

C'est que la position d'une femme démantelée ou dont la jupe monumentale s'affaise au milieu d'un salon ou d'une promenade, en laissant à découvert l'axe quelquefois assez grêle qui soutient l'édifice, est véritablement lamentable. Serait-ce la belle Hélène, Cléopâtre ou Vénus en personne, elle n'est plus elle : c'est un papillon dépouillé de ses ailes, c'est un oiseau du paradis qui a perdu sa queue, c'est Icare tombé du ciel.

Mais laissons la poésie et ses images, tenons-nous-en à la réalité. Je suis dans Paris, cette boîte de Pandore d'où ce nouveau fléau est sorti. Les mouvements de cette queue populaire, d'abord si placides, commencent à prendre une impulsion redoutable. Les lèvres de nos dames se serrent, leurs yeux jettent des flammes ; c'est le fulmi-coton qui fermente : une terrible explosion se prépare. Bien que je fasse des efforts surhumains pour conserver mon immobilité, je suis poussé deux fois sur une robe gorge de pigeon, d'où sort une tête qui est devenue pour moi celle de Méduse, non qu'elle soit hérissée de serpents, tout au contraire, elle est couverte d'un délicieux chapeau cachant à peine les boucles d'une luxuriante chevelure ; mais que d'indignation dans ces yeux! que de malédictions prêtes à s'échapper de cette jolie bouche! Si une troisième secousse de cette infernale queue me pousse sur elle, c'en est fait de moi. En serai-je quitte pour quelque grosse injure, quelques paroles cruellement blessantes? ou bien est-ce un soufflet qui va m'arriver? Si, du moins, il y avait là un mari ou quelque cousin à qui je puisse le rendre; mais non, la dame est seule, seule avec sa colère. Vrai! je voudrais en être à cent lieues. Mais comment sortir de cette presse? Au lieu d'une ennemie, c'est dix que je me ferais, car dix crinolines se dressent autour de moi comme autant de robes de Déjanire. Mon bon ange veillait : la poussée change de direction, et c'est le bossu aux artichauts qui est jeté sur la dame.

Le choc fut rude, mais la riposte le fut aussi. Elle ne se fit pas attendre : « Imbécille! malotru! animal! » et autres gentillesses semblables, accompagnées d'un déluge de mornifles, tombèrent coup sur coup sur le malheureux, comme le poing d'un pianiste inspiré sur un piano râlant son dernier soupir.

D'une main si petite, car la dame l'avait telle et fort bien gantée, notre homme, qui ne s'attendait guère à ce traitement sauvage et certainement très-immérité, en fut d'abord tout étourdi; mais comme tous les bossus, il avait la réplique. Reprenant son rôle de plaisant : « Ah! madame, s'écria-t-il, que de remercîments je vous dois! Si j'ai crevé votre ballon, vous avez aplati ma bosse. Me voilà droit comme un *i*, et vous fine comme une arête. Maintenant nous pouvons passer partout. »

La foule, qui avait accueilli par de bruyants éclats de

rire l'exécution du malheureux, par un revirement soudain se mit à l'applaudir en le saluant d'un : « Bravo ! bossu ; à toi le pompon ! » Et la pauvre crinoline fut huée à son tour.

Dans la foule, tout bruit a son écho ; on y crie, on y siffle sans savoir pourquoi, et seulement pour faire chorus. Ici l'on ne s'en fit pas faute, et ce hourra, répété, fut comme un roulement de tonnerre.

A ce vacarme, perdant son assurance, la jeune femme, pâle et tremblante, sembla prête à se trouver mal. Ce n'était pas le cas : quand la plèbe s'égaie, on ne sait trop où elle s'arrêtera. Déjà d'assez vilains mots commençaient à circuler : c'est une ci, c'est une ça, s'écriaient les grisettes jalouses de ses plumes. Enfin, il était temps qu'elle fît retraite ; mais ses jambes faiblissaient, et sortir de cette presse n'était pas chose aisée. Je pus cependant parvenir jusqu'à elle, et je lui présentai mon bras qu'elle s'empressa de saisir. Je dois dire à l'éloge du bossu que, sans rancune, il se joignit à moi pour la dégager, et vaillamment se mit en avant pour ouvrir le passage. Nous arrivâmes ainsi jusqu'à un espace ouvert. Une voiture de place heureusement s'y trouvait ; j'y fis monter la dame et je dis au cocher de s'éloigner au plus vite, car la foule nous avait suivie, et je revins paisiblement, avec mon nouvel ami le bossu, me remettre à la queue.

Un quart-d'heure après, nous entrions ensemble dans les galeries. La foule y était grande et, sur certains points, presque compacte ; mais les crinolines, beaucoup moins féroces une fois leur entrée faite, souffraient avec une certaine résignation le froissement qu'elles redoutaient tant dehors. Toutes ne s'en étaient pas tirées sans blessures, les robes s'entend, et quelques larges déchirures, béantes encore, prouvaient que la lutte avait été vive. Le mal était fait, il fallait en prendre son parti, quitte à pleurer plus tard l'irréparable dommage.

Mon compagnon était un pauvre ouvrier ciseleur qui ne manquait pas de bon sens. Je le félicitai de sa modération et de sa présence d'esprit. Quoique ce ne fût pas un aigle, il voyait juste; il avait le sentiment des arts, et je fus étonné de la manière dont il en parlait. L'heure du déjeuner était venue, je lui proposai de partager le mien, ce qu'il accepta, et nous passâmes au buffet restaurant où nous eûmes quelque peine à trouver un coin de table. Nous y fûmes pourtant assez bien servis pour la circonstance, et il fit honneur au repas. Nous nous quittâmes donc très-satisfaits l'un de l'autre. Conteur et plaisant de son métier, il aura à débiter un conte de plus, faisant suite à celui de l'artichaut.

Cette exposition du dimanche ne peut guère convenir à qui veut étudier les toiles. Ces galeries où se coudoient quelque vingtaine de mille d'individus de tout âge, de tout sexe et de tout état, roulant, comme une mer agitée, devant trois à quatre milliers de cadres, forment un spectacle qu'on ne rencontre pas tous les jours. Dans cette cohue, le spectateur doit se borner à l'ensemble.

Quant aux détails, tout ce que j'ai saisi de ces cadres, c'est qu'il y avait dedans quelque chose de bleu, de blanc, de jaune, de rouge, de vert, et que cela avait sa signification.

Cette conviction acquise, je puis donc, sans mentir, dire que j'ai vu l'exposition, et même, à l'aide du livret, un peu d'imagination et beaucoup d'effronterie, faire un rapport très-complet sur les progrès de la peinture en France.

Ayant ainsi rempli un devoir de conscience, il s'agissait de me tirer de ce chaos, ce que, guidé par mon étoile, je réussis à faire.

—

Vichy, 14 août 1857.

A LA MÊME.

Le lundi 10 août, je pars de Paris avec un monsieur au teint café au lait. Né et domicilié à l'île Bourbon, il a fait quatre mille lieues pour prendre les eaux de Vichy. Est-ce pour se blanchir? C'est ce qu'il ne nous dit pas, mais je ne m'en étonnerais guère: les nuances du teint sont d'une grande importance dans les colonies, et l'homme soupçonné d'avoir du sang africain dans les veines, fût-ce à la dixième génération, est bien autrement compromis que s'il descendait de Ravaillac. C'est ainsi qu'un coup de soleil ou une jaunisse peut, en ce pays, faire mettre un notable en interdit et le rejeter dans la classe des parias.

Nous avons pour compagnes de voyage une dame de Clermont-Ferrand, ses deux filles et sa femme de chambre. Une des filles a quatorze ans; c'est une petite follette ayant les allures d'un gamin. L'autre peut en avoir dix-huit; je ne l'ai encore vue qu'assise. Elle a un bras de statue grecque et une figure non moins remarquable, mais qui pourrait convenir à une femme de six pieds. Aussi j'attends qu'elle se lève pour dire si elle est belle dans toutes ses proportions.

La voici debout : elle a cinq pieds trois pouces ; elle ne peut avoir moins avec une semblable tête. C'est, en résumé, une femme superbe. Elle a pourtant le nez un peu long : qui n'a quelque chose de trop en ce monde? Cela vaut peut-être mieux que de l'avoir en moins.

Ce qui peut consoler la grande fille de son grand nez, c'est que la petite en a un plus long encore. Cet excédant ne paraît nullement l'affecter, et ses parents pas plus qu'elle. C'est même un sujet d'incessantes plaisanteries dans la famille : quand une sœur met la tête à la portière, l'autre lui crie : *Gare ton nez!* Ce nez magistral a d'ailleurs une origine respectable : il leur vient de la mère qui en a un des plus imposants.

La cinquième voyageuse est une toute jeune fille qui dort.

Le créole nous parle de sa maison qui se compose d'une négresse née dans l'Inde, d'un Cafre et d'un Malais. Il nous dit que les nègres devenus libres se sont la plupart retirés dans la montagne ; ils cultivent quelques petits coins de terre et grapillent sur les voisins. Ils sont fort malheureux, et le nombre en diminue journellement. Il nous raconte l'histoire d'un de ces marrons qui a volé des oies et qui leur promet la liberté et un champ de cannes à sucre si elles veulent ne rien dire.

C'est ainsi qu'en devisant paisiblement, nous arrivons à la station de Varennes. Là, il n'y a plus qu'une voie ; le train venant en sens contraire est en retard, et dans cette voie unique sa rencontre aurait ses inconvénients. C'est, du moins, ce que nous apprend un homme qui vient s'asseoir à la huitième place, et cette annonce met nos dames fort en émoi.

Tout ceci me faisait l'effet d'un bavardage, et je m'en inquiétais peu; mais le convoi, qui allait assez lentement, s'arrête tout-à-fait. On ouvre les portières, et nous voici à pied, avec invitation d'aller respirer dans le champ voisin.

Nous y respirons assez maussadement durant une heure; alors on nous permet de remonter. Nous arrivons à la nuit à Saint-Germain, et il est neuf heures et demie quand nous touchons à Vichy.

Il y a grand monde. N'ayant pas fait retenir de logement, j'ai quelque peine à m'en procurer un convenable. Enfin me voilà casé, tant bien que mal, à l'hôtel Desbret, où m'accueillent deux servantes, Mariette et Emilie, noires comme des Africaines, fort polies d'ailleurs. Si notre Bourbonien avait vu cet effet du soleil de Vichy, il est à croire qu'il en serait reparti sur-le-champ. J'avais déjà remarqué à Bade, à Wisebade et ailleurs, que les villes d'eaux ne semblent guère propres au blanchiment des visages.

Après une nuit assez bien passée et une promenade matinale où l'on me fait avaler force eau tiède pour me mettre en appétit, dit-on, ce qui produit sur moi précisément le contraire, je reviens à l'hôtel. J'y trouve une table bien garnie et entourée de baigneurs qui, conformément à l'ordonnance, y mangeaient de grand cœur. J'ai pour voisin un petit homme qui me met au fait des convives, entremêlant son exposé de réflexions ayant leur piquant. Un gros capitaliste qu'il me nomme est aux eaux parce qu'il se porte trop bien ; il craint cette exubérance de santé. Il me montre ensuite un magistrat qui y est venu chercher le sommeil. Près de lui est un de ses collègues qui y a été envoyé, non pour se guérir de l'insomnie, mais du mal opposé, par suite duquel il s'endort toujours à l'audience.

Après déjeuner, je vais, selon l'usage, me présenter au médecin du lieu, qui m'ordonne un bain d'une demi-heure chaque jour et cinq demi-verres d'eau, me prescrivant en outre, comme d'ordinaire, de bien boire, bien manger et me tenir en joie. Rien de ceci n'étant difficile, je m'y soumets sans réclamation.

Quant à ma goutte, il la trouve fort bénigne ; il la récuse même comme goutte : il n'y voit qu'un rhumatisme articulaire. J'aime mieux cela. Dans ma jeunesse, les goutteux avaient fort mauvais renom ; vécussent-ils en anachorètes, on les tenait pour viveurs, buveurs et coureurs : *fructus belli,* disaient les érudits ; *le fruit des belles,* traduisaient les demi-savants ; et personne ne plaignait le malade ; bien au contraire, on le signalait à la jeunesse comme un exemple de la justice divine, comme un Sardanapale, un réprouvé justement puni de ses péchés gros et petits. Tandis qu'un rhumatisé ne devait son infirmité qu'à des travaux entrepris dans l'intérêt de l'humanité, ou bien des fatigues d'un voyage en Terre Sainte, ou encore de ses prouesses à la guerre et à l'humidité des bivacs. Enfin, un rhumatisé, quel qu'ait été son état, peut être un saint : la légende cite des prédestinés paralytiques, boiteux, ladres, lépreux, possédés même, mais un goutteux, jamais.

Moi qui n'ai pas cédé ma part de paradis, je ne me souciais pas de la goutte; conséquemment je sus grand gré à mon docteur de m'avoir délivré de la peur de cette damnée maladie qui, depuis trois mille ans, met la médecine à *quia*, et qui, n'ayant pas même la foi, résiste aux eaux miraculeuses, au papier Fayard, à la graine de moutarde, à la farine de lentilles, à l'huile de marrons, aux cataplasmes, aux chaînes électriques, aux décoctions de feuilles de chêne, aux sirops de colchique, au laudanum et même à la lucidité des somnambules.

Je revins donc à mon hôtel un peu clopin clopant, mais tout joyeux de ma guérison. Il est vrai qu'un de mes voisins de chambre, habitué des eaux, étant venu me demander ce qu'avait décidé le docteur, à la réponse que je lui fis qu'il m'avait pleinement rassuré sur mon état, s'écria: « J'en étais certain; il vous a dit que vous n'avez pas la goutte, n'est-ce pas?—Comment le savez-vous? lui fis-je.—C'est que jamais médecin des eaux n'a reconnu cette maladie chez un homme vivant. Pour lui, la goutte est un mythe, un symbole, une allégorie, une figure poétique, comme les aimaient les anciens. En un mot, nos docteurs thermaux ne veulent pas de la goutte. Si, dans quelques cas rares, ils l'ont reconnue dans quelque pays lointain ou sous le toit d'un nabab, ils ne l'ont jamais vue chez un malade arrivant aux eaux.—Et la raison? lui demandai-je.—La raison? c'est que, dans tous les temps, la goutte a été reconnue incurable. Ainsi, dire à un homme qu'il a la goutte, peut se traduire de cette manière: Mon cher monsieur, mon ministère vous est inutile; mes ordonnances sont ici impuissantes: les eaux ne vous guériront pas. Vous n'avez donc qu'à retourner chez vous et prendre patience, le seul remède que je connaisse à votre cas. »

J'envoyai au diable ce bavard sans entrailles, qui, en m'enlevant mon illusion, me rejetait dans ce dilemne : ai-je la goutte ou ne l'ai-je pas? Cependant, après réflexion, je me consolai en me rappelant cette solution si rassurante et si profonde d'un de nos plus savants praticiens consulté sur la cause de l'incurabilité de la goutte· « Elle est simple, répondit-il ; la goutte n'est pas une maladie, c'est un état d'être. Preuve : c'est que si bien des gens qui l'ont en meurent, il en meurt beaucoup plus qui ne l'ont pas. » — La réponse était nette et claire, mais est-elle vraie ? S'il faut croire le proverbe qui dit *que la goutte est un brevet de longue vie,* on peut croire aussi que si tant de gens meurent jeunes, c'est parce qu'ils ne l'ont pas encore.

Décidément notre table est une véritable cour d'assises. A dîner, j'y trouve un président, un procureur général et je ne sais combien de conseillers, tous gens de bonne société et qui ne sentent pas trop leur robe. Un conseiller de la cour de Limoges a entendu mon nom, et comme il s'occupe de géologie, d'archéologie, d'anthropologie, etc., la connaissance est bientôt faite.

Elle avait été tout aussi prompte avec un manufacturier nommé M. N**, bien connu pour ses maroquins et cuirs de luxe. De simple apprenti, il est devenu, par sa capacité en affaires et surtout sa probité, un de nos riches capitalistes. C'est la franchise même, ce qui, joint à de l'esprit naturel et un caractère bien trempé, en fait un des plus amusants causeurs qu'on puisse rencontrer. Il est, à table, mon voisin de droite, et dès le troisième repas, il m'avait mis au courant de son histoire. Voici celle de son mariage :

« J'avais vingt ans, me dit-il, et j'apprenais l'état de tanneur. Je ne gagnais encore rien que ma nourriture, et je n'avais pour fortune que mon crédit se résumant en deux cents francs de dettes. Un soir, je rencontre dans un petit bal bourgeois où m'avait conduit mon patron, une jeune fille dont l'air me séduisit tout d'abord. Ce n'était pas une beauté, mais sa figure était si franche et si fraîche et sa taille si bien à la mesure de la mienne qui n'est pas haute, que mon cœur, d'un bond, lui sauta dans la main. Deux contredanses et une valse que je dansai avec elle achevèrent de me tourner la tête. Elle me dit qu'elle était orpheline, qu'elle apprenait le commerce chez une parente où, logée et nourrie, elle gagnait trois cents francs par an. — C'est court, lui dis-je. — Pourtant je fais des économies, me répondit-elle. — Des économies ? m'écriai-je. — Mais oui. — A combien se montent-elles ? — A deux cents francs. — Deux cents francs ! voilà mon affaire ; c'est justement ce que je dois... Mademoiselle, me voulez-vous pour mari ? — Pourquoi pas ? me fit-elle en devenant toute rouge. — Alors c'est affaire conclue. Êtes-vous majeure ? — Qu'est-ce que c'est que cela ? — Avez-vous vingt et un ans ? — Non, j'en ai dix-huit. — Alors vous avez un tuteur ? — Je ne sais pas, je ne l'ai jamais vu. — C'est juste : où il n'y a pas de caisse, il n'y a pas besoin de caissier.

J'étais à peu près dans le même cas, j'avais aussi perdu mes parents : mon patron me servait donc à la fois de père et de mère. J'allai lui faire ma confidence en lui déclarant mon amour et mes projets, accompagnant le tout d'une véritable homélie sur les charmes et les vertus de l'objet de ma tendresse.

Je m'étais tellement attendri dans mon accès d'éloquence que j'avais les larmes aux yeux, car je dois vous dire que c'était mon premier amour, et que mon cœur, comme le reste, était en pur état de grâce. Dans ma naïveté juvénile, je croyais bonnement que les larmes de mon patron allaient se mêler aux miennes, et que son consentement devait suivre.

Ce fut autre chose qui arriva : il partit d'un éclat de rire et me traita d'imbécille, en me disant qu'un apprenti corroyeur gardait son cœur quand il n'avait pas d'autre capital, et qu'il serait assez temps, lorsque je saurais travailler, de songer au *conjungo* pour épouser, non de beaux yeux, mais quelques bons sacs d'écus, sans lesquels jamais tannerie n'avait pu marcher. — Et, là-dessus, il me poussa hors de son cabinet en me disant : Va à ta besogne et ne m'ennuie plus de tes bêtises, car si tu y reviens, je te jette à la porte.

Ce n'était pas là mon affaire, ni sur quoi je comptais. Je m'étais imaginé qu'en faveur de mon mariage, toutes les bénédictions de la terre et du ciel allaient, comme une pluie, me tomber sur la tête : cette pluie ne me mouilla pas.

De l'autre côté, les choses se passaient à peu près de même : la parente de mon adorée, en recevant sa confidence, lui dit qu'elle était trop jeune pour se marier, et qu'un apprenti qui avait des dettes ne pouvait être qu'un rien du tout.

Elle avait deviné juste : je valais, en effet, deux cents francs de moins que le jour où j'étais venu au monde.

Le commerce de la bonne dame consistait en casquettes de cuir, la grande mode de l'époque, et en pantoufles de maroquin. Cette spécialité était devenue le trait d'union entre elle et mon patron à qui elle était alliée par sa femme. — O casquettes bénies! ô saintes pantoufles! c'est à vous que je dus mon bonheur. Oui! ce sont elles qui firent mon mariage, ce mariage qui amena les cinq millions de biens que je possède aujourd'hui. Non pas que ma femme ait jamais hérité d'un sou de personne, ni donné en argent comptant un rouge liard de plus que ses deux cents francs; mais elle avait ce qui en fait gagner: de l'ordre, de l'activité, et tout le bon sens qui alors me manquait: elle aida le bon Dieu à faire le reste. »

Tel est le récit de mon voisin, récit bien affaibli sans doute, car il l'accompagnait d'une pantomime harmoniée à certaine inflexion de voix que je ne saurais rendre. Comme il n'en restera pas là probablement, je vous raconterai la fin de son histoire.

Vichy, 16 août 1857.

A LA MÊME.

Hier, 15 août, fête de l'empereur, je suis réveillé à quatre heures du matin par le son des cloches et le bruit du canon. Il pleut à verse: triste début pour une fête! Je me fais apporter mon verre d'eau d'ordonnance. Le domestique m'apprend que la fête est double et même triple, car c'est à la fois l'Assomption, la fête de sa majesté et celle de la ville à laquelle, ajoutait-il, le mauvais temps va faire tort en empêchant bien du monde d'y venir.

Je me lamentais avec lui de ce malheur, quand j'entends un bruit de tambour. Je mets la tête à la fenêtre : c'étaient le corps municipal et les autorités civiles et militaires qui défilaient en grande pompe, escortés de toute l'armée locale se composant de vingt pompiers, huit soldats et six gendarmes. Deux clairons formaient la musique et alternaient avec le tambour.

Le beau temps était revenu. Entraîné par le spectacle, je m'élance dans la rue. La procession sortait de l'église, le cortége s'y joint, la foule suit et je fais comme elle. Nous nous rendons au pied de la colline où est disposé un reposoir d'où le curé fait un sermon que j'admire beaucoup, bien que je n'en aie pu entendre un mot, mais il avait un grand mérite : il était court.

Les campagnes, malgré le pronostic contraire, avaient fourni leur contingent : les paysannes abondaient ; mais ces femmes endimanchées, sauf quelques rares exceptions, n'en étaient pas devenues plus attrayantes. Les plus jeunes elles-mêmes manquaient de fraîcheur ; les vieilles ont un teint terreux. J'ai remarqué la même chose dans les bains d'Allemagne et dans presque tous les pays d'eaux. Je ne sais pourquoi ces lieux, où l'on court pour retrouver la santé, n'offrent qu'une population maladive. Il est possible qu'elle ne s'en porte pas plus mal ; mais ce qu'il y a de certain, c'est que ni ces eaux ni ce climat ne donnent la beauté. Peut-être aussi suis-je un peu gâté par l'apparence de nos femmes du nord, parmi lesquelles on rencontre de si beaux types.

Après le dîner, je me rends au bal que le conseil municipal offrait sur la pelouse à la jeunesse de Vichy et de sa banlieue. Les choses avaient été faites grandement : il y avait trois orchestres. Il est vrai que chacun n'était composé que de deux instruments : un violon, une musette ou une clarinette ; les oreilles avaient le choix. Mais la danse était une : c'était la bourrée la plus respectable de nos danses, et probablement celle que dansaient nos pères gaulois sous le chêne druidique. La dansaient-ils en escarpins ? — C'est peu probable. Ici, nos Vestris portaient généralement des sabots, ce qui d'ailleurs était assez de circonstance : humectée par la pluie du matin, la pelouse, sous tant de pieds piétinant, avait fini par tourner en boue.

La bourrée, que je voyais pour la première fois, ressemble assez au jabadeau breton. Les hommes sont d'un côté, et les femmes de l'autre.

Ce qui frappe aussi dans ce peuple est une grande rusticité de manières : il vous coudoie, il vous pousse, ne se dérangeant ni devant les femmes ni devant les vieillards, et ne saluant personne. Les femmes sont un peu plus polies, mais pourtant, quant aux manières, sont loin de valoir les Normandes, les Picardes, les Flamandes : elles se rapprochent davantage de celles des campagnes qui entourent Paris.

Plus loin, était un quatrième bal : c'était sans doute celui des notables et des privilégiés. Là, plus de sabots : on y valse, on y polke ; mais valse et polka, sous les malencontreux chapeaux des femmes, semblent non moins lourdes que la bourrée. Celle-ci a son caractère, tandis que la valse et la polka ont perdu le leur, et sont devenues quelque chose qui tient de la danse à la manivelle des chevaux de bois.

La figure de la bourrée est simple. Les hommes, comme je l'ai dit, forment une ligne; les femmes, une autre. Les deux lignes sont en présence, séparées par un intervalle d'un mètre environ. Une ligne avance, l'autre recule; puis celle-ci avance à son tour, et l'autre à son tour recule; et toujours ainsi.

Une querelle s'engage. Un homme à figure patibulaire tire son couteau et en menace ceux qui l'approchent. On fait cercle autour de lui, en se tenant à distance. Enfin, un spectateur plus hardi, d'un bond s'élance sur lui, l'étourdit d'un coup de poing et le désarme. Des agents de police surviennent et s'en emparent.

Je quitte ce bal en plein vent pour entrer au salon, où il y a concert. L'orchestre de Strauss est peu nombreux, mais excellent. Les chanteuses sont Mmes Courtois et Fourré; les chanteurs, MM. Mariani et Pujol. Ces chanteurs sont bons, et les instrumentistes les valent. L'illumination a attiré beaucoup de promeneurs dans le parc qui, ainsi éclairé, est magnifique. Je ne sais si cette lueur avait fait sortir tous les papillons de la sphère éthérée, mais les jolies figures, si rares à la bourrée, se montraient ici en assez bon nombre. Étaient-ce les mêmes, vues sous un autre jour?—C'est possible: le cadre fait souvent ressortir le tableau.

J'en suis là de mon récit et j'avais encore bien des choses à vous dire, ma chère nièce, mais deux bavards et une belle dame qui n'est pas muette viennent d'entrer chez moi; ils veulent me conduire je ne sais où, et la voiture est à la porte. Je leur ai demandé un quart-d'heure pour finir ma lettre. Ils me l'ont accordé, mais ils parlent tous à la fois, et viennent tour à tour regarder par-dessus mon épaule pour savoir où j'en suis. S'ils savent lire, ils verront qu'ils me font perdre la tête et que je les dévoue aux furies. A demain donc.

Pour faire passer ma colère, j'embrasse vos petits anges d'enfants. Qu'ils feraient de belles parties ici, où les bambins fourmillent, sous les beaux arbres du parc! Je vous envoie une petite chansonnette que j'avais commencée pour eux, et qu'on ne me laisse pas le temps de finir.

De Vichy j'aime l'ombrage
Plus que ses bals et ses eaux.
J'aime surtout ce feuillage
Où s'ébattent et font rage
Ces petits enfants si beaux.

Pourquoi ces barrières closes
Sur ces fruits si savoureux
Où je vois mordre leurs yeux?
Ne sont-ce pas là des choses
Que là-haut on fait pour eux?

Aux enfantines cohortes
Qu'on ouvre toutes les portes :
C'est ici le paradis
Des marmots et des marmottes,
Des bébés et des babis.

Bambins moins hauts que mes bottes,
Galopins de tous pays,
Mais plus mièvres que cabris,
Sur vos pieds ou vos menottes,
Arrivez tous, mes amis.

Ici, libre est la marmaille;
Ni lisière ni muraille,
Ni pédagogue qui fouaille
Ne gêneront vos ébats :
Des mamans, point de papas.

En maillot, jupe ou culotte,
A moi poupons et poupard :
Qu'on se trémousse et gigotte !
Le mioche y devient moutard
Pour être gamin plus tard.

Ainsi pousse mauvaise herbe,
Répond cet ogre au poil bleu.
— Arrière ce trouble-jeu !
Car menteur est le proverbe :
Le bon grain vient de bon lieu.

L'enfant réjouit le verbe,
A dit le grand saint Mathieu.
Emmiellez la pomme acerbe
Et donnez la grosse gerbe
Aux petits fous du bon Dieu.

Vichy, 19 août 1857.

A LA MÊME.

Je suis abonné au salon; on y donne des bals, des concerts. Ce soir, c'est le tour du concert.

Je croyais y avoir mes coudées franches, car la chaleur est étouffante, et dans cette température, la musique, lorsqu'elle n'est pas en plein vent, a souvent tort. Il paraît qu'ici il n'en est pas ainsi : on en veut quand même. Lorsqu'il fallut m'asseoir, je ne trouvai ni banc ni chaise; toutes les places étaient prises ou retenues, et il n'était pas encore sept heures.

La perspective de rester ainsi debout pendant trois heures ne me souriait guère, et j'étais à me demander s'il fallait rester ou partir, quand je me souvins que notre Parisien m'avait invité à assister à sa pêche.

Il faut vous apprendre que Vichy fait annuellement plus d'armement pour la pêche de la tanche et du barbeau, que Dunkerque, Dieppe et Saint-Malo pour celle de la morue. Il est vrai que ces armements d'eau douce sont moins coûteux; ils consistent d'ordinaire en une ligne, une demi-douzaine d'hameçons et un pot d'asticots. A la vue de cette file de pêcheurs, le bras et le cou tendus, couvrant les bords de l'Allier, on se demande si l'on vient à Vichy pour y prendre des eaux ou bien du poisson, et, dans ce cas, s'il ne serait pas indispensable d'y avoir un inspecteur des pêches comme on a un inspecteur des eaux? L'inspecteur des pêches serait incontestablement le plus occupé, ne fût-ce qu'à démêler les lignes, arranger les conflits poissonniers, et consoler les pêcheurs malheureux qui, il faut bien le dire, ne sont pas rares ici, soit que le poisson de l'Allier soit plus malin que d'autres, soit qu'il ait aussi ses jours de villégiature, et quand le promeneur vient prendre les eaux à Vichy, qu'il aille, lui poisson, les prendre ailleurs.

J'avais déjà remarqué cet amour du baigneur pour les émotions de la ligne, mais au bout de cette ligne ne voyant jamais rien, je m'étonnais que cette ardeur ne se ralentît pas. J'en fis l'observation à mon voisin, attribuant, pour ménager l'amour-propre de chacun, ce défaut de réussite à la mauvaise qualité de l'appât ou des engins de pêche; mais il m'avait répondu que l'appât était ce qu'on le faisait, et qu'en fait d'hameçons, on n'en vendait ici que de bons et du même acier que les harpons pour la pêche de la baleine. Là-dessus, il m'avait invité à venir le voir à l'œuvre, en m'indiquant la place où je le trouverais.

C'est donc sur ce point que je me dirigeai.

J'eus peine à le reconnaître au milieu de tous ces bras tendus, car ses concurrents, s'imaginant que le poisson le suivait, étaient toujours sur sa piste, se rapprochant de lui autant qu'ils le pouvaient sans blesser les convenances ou les égards qu'on se doit entre pêcheurs. Ils n'en étaient pas plus chanceux : ils voyaient brochets, perches et barbeaux se ruer sur la ligne de leur heureux voisin, lorsque pas un, même le plus petit goujon, ne consentait à mordre à la leur, ou, le cas échéant, ne mettant le nez hors de l'eau que pour faire la nique au maladroit, poussait même l'insolence jusqu'à emporter son hameçon, chose qui n'arrivait jamais à M. N**.

La vérité est que M. N** était un pêcheur émérite, et que depuis que je logeais à l'hôtel, chaque jour on voyait sur la table un beau plat de poisson frais qu'il ajoutait généreusement au menu ordinaire. On ne parlait que de ses prouesses en ce genre et du désespoir de ses rivaux. J'étais donc fort curieux de juger de la réalité des on-dit, et quand je pus l'apercevoir, je m'empressai d'aller le joindre.

Je le trouvai armé d'une ligne longue, légère, élastique, mais dépourvue de tous ces enjolivements qui jamais n'ont amené de pêche miraculeuse. Il n'y avait pas trois minutes que j'étais là, qu'une très-belle carpe vint tomber à mes pieds, puis une brême, puis une perche. Trois quarts-d'heure s'étaient à peine écoulés, que la douzaine était complète, et pas un des autres pêcheurs n'avait même vu osciller son bouchon.

J'étais tenté de crier au prodige, et, presqu'aussi ébahi que saint Pierre le jour où ses filets se remplirent, je suivis mon compagnon qui regagnait l'hôtel, son sac dans une main et sa ligne dans l'autre.

Il avait à peine quitté sa place, que dix concurrents y étaient accourus, se la disputant avec un acharnement tel, que j'ai cru qu'ils allaient en venir aux mains. Lorsque les plus forts ou les plus heureux s'y furent établis, je le priai de s'arrêter un instant pour voir s'ils auraient le même succès que lui. « Inutile d'attendre, me dit-il, vous y perdriez votre temps comme ils vont perdre le leur, parce qu'ils ne peuvent prendre les poissons déjà pris, et que les autres étant avertis, ont déjà quitté la place. — Avertis, dites-vous? — Oui. J'en ai laissé échapper un, il a mis les autres en garde, comme ne manque jamais de faire un oiseau qui s'est sauvé du trébuchet ou un rat de la ratière. Les animaux ne sont pas si bêtes qu'on le pense, pas même les poissons, et, moins égoïstes que nous, jamais ils n'hésitent à se détourner de leur chemin pour empêcher un confrère de tomber dans la nasse ou de mordre à l'hameçon qu'ils ont senti. — Mais comment viennent-ils à votre ligne quand ils ne vont pas à d'autres? — Parce que je connais leur faible et sais les servir à leur goût : c'est ce que mes voisins ignorent. Depuis qu'ils se sont, ainsi qu'une volée d'étourneaux, abattus sur la rive, l'asticot, pour le poisson, est devenu pâté d'anguille : il en regorge, il en est soûl, il n'en veut plus. Aujourd'hui, pour l'affriander, il faut autre chose. » Alors il me montra, dans un petit pot, une matière rouge qu'il me dit être du sang de veau coagulé. « Avant de placer ma ligne, ajouta-t-il, j'en jette sur l'eau quelques parcelles, puis j'en amorce mon hameçon que j'ai soin de laisser flotter à quinze ou vingt centimètres du fond. Tout ceci n'est pas bien difficile, encore faut-il le faire, et surtout savoir diriger sa ligne et donner le coup de poignet à propos et de manière à fixer le fer : le poisson sait très-bien le détourner quand il a à faire à un novice, et le dégarnir, sans s'y prendre, de l'appât qu'il convoite. Mais des novices, on en voit partout, parce qu'il y en a qui le sont toute leur vie. On devient chasseur, on se fait harponneur avec la pratique et le temps, mais nul ne sera un pêcheur à la ligne s'il manque de coup-d'œil et de nerf; et encore échoue-t-il en ayant l'un et l'autre, s'il n'est pas naturaliste ou s'il n'a pas étudié le caractère du poisson, ses mœurs et ses habitudes. C'est donc, non l'imperfection des engins de pêche, mais l'incapacité des pêcheurs qui fait le salut du poisson de Vichy dont je peux ainsi prendre la crème sans anéantir l'espèce. »

Puis, entrant dans des considérations générales : « Chacun, me disait-il, a sa spécialité : heureux si, lorsqu'il en est temps encore, on la découvre, la comprend et l'utilise. C'est le grand talent d'un chef de fabrique ou d'un maître d'atelier : il faut qu'il devine à quoi chacun est bon, et dans notre état comme dans tout autre. On naît aussi plus ou moins tanneur, c'est-à-dire plus ou moins apte au métier qui a également sa partie artistique : un tanneur diffère fort d'un écorcheur. Donner à une peau la souplesse unie à l'éclat et au velouté, la teindre en rouge, en bleu, en jaune, en violet, vous paraissent choses toutes simples : eh bien ! il est tel ouvrier qui fera le plus beau jaune et ne réussira pas au bleu ; le rouge est inabordable pour cet autre qui excelle dans les verts. Il est tels metteurs en couleur que je paie quinze francs par jour et que je n'ai pu, quand ils m'ont quitté, remplacer à aucun prix, ni en suivant leurs procédés. Chose étrange! ces bons ouvriers eux-mêmes n'avaient pu faire d'élèves ni communiquer leur secret. J'ai fini par croire qu'ils n'en avaient pas, et qu'il existait entre eux et cette couleur une certaine affinité : elle leur obéissait, mais celle-là et pas les autres. »

Il ajoutait que ces ouvriers hors ligne, Allemands pour la plupart, qu'il payait si grassement, étaient ceux auxquels il était obligé de faire des avances : ils n'avaient jamais le sou.

La fontaine où mon docteur m'a dit de boire est celle dite de l'hôpital, l'une des plus anciennement connues à Vichy, et qui, il y a peu d'années encore, se présentait sous la forme d'une mare où les bestiaux qui, dit-on, la découvrirent les premiers, faisaient concurrence aux hommes. Cette eau légèrement salée était parfaitement de leur goût; ils s'en abreuvaient à flot sans en être incommodés, et on les aurait laissés s'en donner à cœur joie s'ils avaient su, comme d'honnêtes créatures, se contenter d'en boire; mais après avoir bu, ils avaient la mauvaise habitude de s'y laver les pieds; quelques-uns poussaient même l'indiscrétion jusqu'à s'y étendre de leur long et s'y vautrer comme dans une bauge. C'était abuser de la permission : aussi les buveurs en appelèrent-ils comme d'abus. Après enquête, expertise et jugement, on fit droit à leur requête : l'administration décida que les animaux boiraient comme tout le monde;

seulement qu'en raison de la plus grande capacité de leur estomac, au lieu de leur présenter l'eau dans un verre, on la leur offrirait dans un seau, et qu'à cet effet la fontaine serait relevée et enfermée dans un bassin : c'est celui qui existe aujourd'hui, et où l'on arrive par quatre marches.

La place dont ce bassin forme le centre est assez laide. Je m'y rends chaque matin et j'y bois mon eau en compagnie de femmes appartenant presque toutes à la classe ouvrière, et qui, si elles ont le goût de la toilette, l'entendent singulièrement. Nos filles du nord savent, du moindre chiffon, se faire un élégant bonnet et le porter coquettement. Ici, avec des chapeaux de paille d'un tissu égal et fin, et qui, laissés à leur simplicité native, auraient fourni une coiffure à la fois gracieuse et commode, elles sont arrivées à un résultat diamétralement contraire : je ne sais par quelle dépravation de goût elles leur ont donné la forme la plus hétéroclite qu'on puisse imaginer, celle d'une sorte de casque en tuyau de poêle, dont la visière se rabat sur le nez, le tout coupé par des bandes de velours noir qui, tranchant durement sur cette paille jaune, en désharmonient encore les teintes.

Le reste du costume vaut la coiffure : tout y semble ménagé pour gâter ou cacher ce que la femme a de mieux et ne montrer que les angles. Au total, ce costume est si peu tentateur que les religieuses qui, en cette saison, abondent à Vichy et dont on voit de toutes les nuances, paraissent, à côté, des élégantes.

Les eaux de l'hôpital, ainsi que je viens de le dire, ne semblent pas être, du moins le matin, celles du monde élégant. Les hommes n'y brillent pas plus que les femmes quant à la mise, et ressemblent fort aux pensionnaires du lieu dont cette fontaine porte le nom. Il paraît que c'est l'eau d'initiation et que l'on commence par elle pour apprendre à savourer les autres. Les Hébés qui les servent ne ressemblent en rien à ces nymphes sémillantes présidant aux eaux d'Allemagne et qui vous les présentent en les assaisonnant d'un doux sourire, lequel les fait paraître meilleures quand elles sont bonnes, et moins mauvaises quand elles ne le sont pas. Si j'étais médecin des eaux, c'est la première prescription que je ferais : Hygie était belle et jeune. Les Grecs se seraient bien gardés de faire servir par Méduse ou par les Parques les eaux qui doivent donner la santé. L'académie de médecine même y aurait regardé à deux fois. Il n'y a qu'un entrepreneur à forfait, quelque fermier des eaux, ou quelqu'inspecteur des finances, si les eaux dépendent de son administration, qui ait pu voir une économie dans cet emploi des mains ridées. Quelqu'un me dit que ces places de donneuses d'eau se vendaient comme celles de notaires et d'avoués chez nous, et les emplois de capitaines et de colonels en Angleterre. Dans ce cas, nul doute que ces acheteuses ne doivent jouir de leurs droits : la chose vendue est sacrée ; mais dans l'exercice de leurs fonctions, elles devraient mettre un masque et des gants : l'imagination ferait le reste, et l'eau se digèrerait plus facilement.

Cependant, au milieu de ces groupes de figures noires, jaunes ou ridées d'abreuvantes et d'abreuvées, j'en distingue une rose. Pourquoi donc celle-ci prend-elle de l'eau chaude et salée? Est-ce que la rosée du ciel n'aurait pas dû lui suffire? Aurait-elle la goutte ou la gravelle? Cela m'intriguait fort, et si j'avais connu son docteur j'aurais été le lui demander. Mais pourquoi ne le demanderais-je pas à elle-même? N'est-il pas une question admise aux eaux et même ailleurs chez tous les peuples de la terre? — *Come va?* vous dit l'Italien. — *How do you do?* vous dit l'Anglais. — *Comment vous portez-vous?* dit le Français. Cette question peut-elle paraître indiscrète quand elle est dans la bouche de tout le monde? J'allais donc l'adresser à la demoiselle, lorsque la regardant de plus près, je crus voir un visage de connaissance. Elle, de son côté, ne se trompait pas sur le mien : « Ah! monsieur, s'écria-t-elle, nous ne savions pas que vous étiez ici. Comme madame sera contente de vous voir! — Et moi, lui dis-je, qui craignais de m'ennuyer, maintenant me voici complètement rassuré. »

La rencontre, en effet était heureuse : Mme ***, que m'annonçait la jeune fille sa femme de chambre, était une personne du meilleur monde et une des notabilités de l'élégance parisienne.

M'étant informé de sa santé, j'appris qu'elle n'était venue aux eaux que pour la migraine, ce qui me rassura. Quant à la gentille cameriste, elle ne prenait les eaux que par procuration. Sur l'explication que je lui demandai, elle me répondit que sa maîtresse n'aimait pas l'eau chaude, surtout lorsqu'elle ne sentait pas bon; ajoutant qu'elle, non plus, n'y trouvait pas beaucoup d'agrément, mais qu'elle faisait volontiers cela pour madame qui était si bonne pour elle.

Je la félicitai sur son dévouement, et j'étais tenté de la prier de vouloir bien, par la même occasion, les prendre aussi pour moi ; mais je repoussai cette pensée égoïste.

A mon second verre d'eau, la petite s'aperçut de la grimace que je faisais en regardant la donneuse. Elle le lui prit des mains et me l'offrit en disant : « C'est comme cela que le voulait madame quand elle en prenait elle-même. — Et comment va-t-elle depuis que tu la prends pour elle ? — A merveille. Comme je suis sa filleule, elle m'embrasse lorsque je viens d'ici bien infectée et me garde un moment à côté d'elle, en me flairant à plein nez ; elle dit que cela suffit, que c'est de la médecine homéopathique. — Bah ! la plaisanterie ! — Non, c'est très-sérieux ; madame vous le dira. Son médecin de Paris prétend que les *alcalis,* c'est ainsi qu'il nomme cela, peuvent opérer très-bien par émanation ou par la transmission des miasmes et vapeurs alcalines. — Peste ! ma fille, tu pourrais prendre un diplôme ; tu parles comme le docteur lui-même. Je vois qu'il traite ta maîtresse par l'odorat. — Oui, c'est encore un terme dont il se sert ; il suffit que madame me sente. — Et elle te sent ? — Ah ! ce n'est pas bien difficile ; flairez-moi plutôt... Mais vous en avez aussi votre part : pouah ! Quand on a été un moment à la vapeur de cette eau, c'est à renverser !... Est-ce qu'on n'en peut pas mourir, monsieur ? — Non, mon enfant ; cette odeur est saine, c'est celle de la soude mêlée à de l'ammoniac. — C'est bien ça, dit-elle en frappant des mains ; est-ce que vous seriez aussi de la boutique, car c'est là encore de leurs mots ? — Non, ma petite, je n'ai pas cet honneur ; je suis, comme ta maîtresse, venu pour me guérir et non pour traiter les autres. Mais comment se trouve-t-elle de ce régime mixte? — Pas mal. On parlait aussi de me faire essayer des bains, mais madame ne l'a pas voulu; elle a dit que j'étais déjà assez bien parfumée comme cela. Lorsque je vais à l'eau, c'est dans la rivière, comme madame qui n'en a pas voulu d'autre. — Voilà une singulière manière de se guérir à Vichy! Il me semble que vous n'aviez pas à vous déranger pour cela : vous aviez la Seine à votre porte. — Le docteur ne l'a pas voulu ainsi; il disait que madame avait besoin de distraction et de changer d'air; mais, pour aujourd'hui, j'en ai assez de celui-là. Je ne devais rester qu'une demi-heure, et voilà une heure que j'y suis .. Au revoir, monsieur; je donnerai de vos nouvelles à madame. » — Et, là-dessus, elle me quitta.

C'était l'heure du déjeûner, j'avais bu mon verre d'eau, je m'acheminai vers l'hôtel en méditant sur les progrès de la science et les miracles de l'homéopathie, ne trouvant pas d'ailleurs celui-ci plus étonnant que les autres.

—

Vichy, 21 août 1857.

À LA MÊME.

En me prescrivant l'eau de la fontaine de l'hôpital, mon docteur ne m'avait pas défendu celle des Célestins, qui, sans être précisément l'eau de Jouvence, étant ferrugineuse et gazeuse, doit produire aussi ses merveilles. J'ai donc voulu ce matin en faire l'expérience, et, en vrai gourmet, nonobstant les *pouah!* de la petite bonne, savoir si ce topique valait les autres. D'ailleurs, elle m'avait dit que sa maîtresse devait venir le matin se promener de ce côté, et que je l'y trouverais respirant elle-même la vapeur de l'eau, ce qu'elle ne faisait que d'un jour l'un, selon l'ordonnance homœopathique.

La route qui conduit à cette source côtoie la rivière. Déjà tous nos pêcheurs étaient à leur poste, et pas plus chanceux que de coutume : je ne vis pas un seul bras quitter sa position horizontale pour la perpendiculaire, et enlever sa proie.

Je fus distrait de cet examen par une rencontre qui m'arrêta court : c'était un coq pas plus gros qu'un pigeon et blanc comme lait, avec une crête rouge pourpre qu'il portait fièrement, en tête d'une compagnie de poulettes blanches et crêtues comme lui. Jamais je n'avais vu si gentille poulaille, et me voilà pris d'un engouement, d'une véritable passion pour ce troupeau de gallinacées.

M'informer s'ils étaient à vendre et du nom du propriétaire fut l'affaire d'un instant. A tout prix, il me fallait ces bêtes : jamais successeur de Mahomet ne fut plus épris d'un gynécée de houris.

Le propriétaire n'était pas loin. En entrant chez lui, à un certain nombre de cages et de compartiments que mon œil d'amateur me fit aussitôt apercevoir, je ne doutai pas que le commerce des volatiles de toute plume et de toute taille ne fût sa spécialité.

J'entrai donc rondement en affaire, et je lui proposai de me vendre en bloc toute sa troupe de poulettes, coq en tête, sous la condition qu'il se chargerait de les expédier chez moi, risques entre nous partagés.

Mon homme, à la chaleur que je mettais à traiter, avait reconnu bien vite que mon offre était sérieuse et que j'étais amoureux de sa couvée. Alors il poussa un soupir, soupir de mauvais augure, car il me fit l'effet de celui d'un père qui vient de signer le contrat de mariage de sa fille en donnant une grosse dot et qui rencontre un prétendant qui l'aurait prise pour moitié. Le digne marchand, renouvelant son soupir, me dit, avec une émotion vraie, qu'il avait, ce matin même, par cessation de commerce, vendu sa basse-cour à un marchand de Paris. Ce fut un coup de foudre. Hélas! il faut être amateur pour savoir ce que c'est qu'un désappointement de l'espèce. Il me restait une chance: l'acquéreur était un marchand; il n'était pas encore parti, puisque sa marchandise était là; peut-être consentirait-il à me céder son marché moyennant, ainsi qu'il était juste, un honnête bénéfice. Un voisin me dit qu'il était à la fontaine, et il me le montra fumant sa pipe en regardant humer l'eau.

J'allai le trouver. Il me reçut non moins civilement que le premier, et il me dit qu'il n'avait acheté que par commission et pour le jardin d'acclimatation. A ceci je n'avais rien à répondre; il ne me restait de consolation que d'aller, comme membre de la société, les y voir de temps en temps et m'informer de leur santé.

Ces allées et venues et ce marchandage avaient demandé du temps, et je ne trouvai plus Mme ***: autre accident qui devait me valoir une grosse querelle. La camériste, qui m'attendait, m'annonça que sa maîtresse m'avait vu causant volailles et tellement préoccupé de ces bêtes que je ne lui avais pas même rendu son salut;

qu'elle l'avait donc chargée de me dire qu'elle m'attendait chez elle avec ma compagnie emplumée dont elle serait charmée de faire la connaissance.—Et là-dessus, sans même vouloir entendre mes excuses, la petite diablesse me quitta en éclatant de rire. C'est ainsi que des poules blanches me brouillèrent avec une jolie femme.

J'étais tellement démoralisé par tant de malheurs à la fois, que je quittai la fontaine sans même songer à en goûter.

Pour m'achever, un des pêcheurs ayant, tandis que je côtoyais la rive, tiré un peu trop fort un malheureux poisson, le premier peut-être qu'il eût jamais pris, par un mouvement oscillatoire de sa ligne, me l'envoya au nez tout frétillant et tout gluant. Il se confondit en excuses, mais je n'en avais pas moins reçu la bête en pleine face, ce qui m'exaspéra si fort que si je n'avais pas reconnu l'un de nos convives, je ne sais ce que je lui aurais fait.

Quand j'arrivai à l'hôtel, tout le monde avait déjeûné. Il me fallut manger seul. Je n'en fus pas fâché, car j'étais dans mon jour de guignon; les querelles tombaient sur moi comme grêle: il est probable que j'en aurais trouvé aussi une à table. Heureusement je n'eus à me fâcher que contre un domestique qui renversa un saucier sur ma manche.

Depuis le 12, j'avais commencé mes bains, et, pour ma commodité, j'avais choisi l'heure qui suivait mon déjeûner. Je n'étais pas retourné chez mon docteur; je fus le voir, car c'était un homme bien connu pour son savoir et son amabilité. Il me demanda si je me trouvais bien des eaux.—Au mieux, lui dis-je, et je lui expliquai de quelle façon et à quelle heure je les prenais. Je comptais sur sa pleine approbation, mais il fit un bond. J'allais lui demander pourquoi, quand il me dit que prendre mes bains après le repas était une grande imprudence et qu'il m'interdisait positivement cette manière de me traiter. Ce fut moi alors qui bondis à mon tour, car en Allemagne les médecins, et des plus fameux, m'avaient conseillé précisément le contraire, ce que je n'avais pas manqué de faire sans m'en trouver plus mal ; et, là-dessus, je lui citai les Grecs et les Romains qui, si l'on en croit leurs historiens et leurs poètes, faisaient au bain leur digestion.

« Les historiens font des histoires, me dit-il.—Et les poètes des contes, ajoutai-je.—Oui, et des contes pour rire : ils ont parlé des vivants et n'ont pas compté les morts.—Eh bien! docteur, je ne veux pas qu'ils commencent par moi, et si les bains après déjeûner tuent les gens, je les prendrai après dîner.—Non, avant dîner, reprit-il, sinon je vous dirai : ne les prenez pas du tout. —Je les prendrai à votre guise, cher docteur; Dieu me garde de me mettre en guerre avec la médecine! »

Je lui parlai du traitement par procuration de Mme ***. Je croyais qu'il allait se récrier, mais point. « C'est la première fois, me dit-il, que je vois l'homéopathie ou ses adeptes partir d'un point sinon juste, du moins qui ne soit pas précisément faux. Il est certain que les émanations de la vie d'un tiers influent sur la nôtre et souvent d'une manière pernicieuse. Une partie de nos maladies se contractent dans les foules, et dans les salons comme ailleurs, car la richesse des habits ne fait pas la pureté du sang. Or, si certaines émanations sont nuisibles, d'autres sont salutaires, et l'on peut ranger dans cette catégorie celles d'une jeune fille fraîche et bien portante. Adoptant en ceci le système de votre homéopathe, je ne mets pas en doute qu'ainsi saturée de l'essence thermale ou des parties essentielles alcalines, ammoniacales, sulfureuses ou ferrugineuses, elle ne puisse les communiquer aux personnes qui l'approchent, et qu'il ne résulte pour celles-ci une influence bienfaisante. Je ne désapprouve donc point le terme moyen que votre dame emploie, si, de son côté, la jeune fille n'en souffre pas. »

Votre consultation me rassure, docteur; je vois que si l'eau ainsi prise ne fait pas de bien à Mme ***, elle ne peut non plus s'en trouver mal, et d'autant moins que sa maladie n'est pas dangereuse. Quant à la jeune fille, je m'inquiète peu des suites de ses fonctions de médium, bien certain que, comme toutes celles de cet état, elle n'en prendra qu'à son aise.

A dîner, nous eûmes surabondance de convives, et il fallut nous serrer pour faire place à deux dames, l'une de trente-six à quarante ans, l'autre de quinze à seize, la mère et la fille probablement. La mère, qui est une brune aux beaux cheveux noirs, a la figure décidée et le ton idem. La fille est petite, fluette, timide et jolie.

Notre manufacturier, comme à son ordinaire, nous entretient de ses affaires quand il ne parle pas de ses pêches, mais il le fait d'une manière si divertissante que personne ne s'en plaint. C'est de son fils qu'il est question aujourd'hui : « Il a très-bien géré, nous dit-il, l'atelier que je lui avais confié pendant mon séjour ici.

Aussi je viens de le récompenser, ainsi que le contre-maître que je lui avais adjoint : je leur abandonne les rognures de peaux. » À ces mots ou à la magnificence du présent, chacun éclata de rire. « Que voulez-vous, continua-t-il, on fait ce qu'on peut. Je sais que cela ne les rendra pas millionnaires, mais dix mille francs par an à partager à deux sont, chez nous, pauvres ouvriers, lorsqu'on a en outre de bonnes journées, chose qui s'accepte. »

Le digne industriel n'exagérait rien : les rognures de ses peaux, auxquelles il renonçait en faveur de son fils et d'un contre-maître, se vendaient, bon an, mal an, de neuf à dix mille francs. On peut juger, par-là, que sa fabrique ne chaumait guère.

Ces chefs de grands ateliers qu'ils ont fondés et qu'ils dirigent avec conscience et habileté, m'inspirent une profonde estime quand ils savent en même temps, comme M. N**, s'attacher leurs ouvriers et leur procurer une existence douce et aisée.

Le soir, il y avait bal. Là je devais trouver place, je le croyais du moins, car où l'on danse, on hérite d'ordinaire d'une chaise ou d'un coin de banc, à côté d'une mère ou d'une tante qui, de son côté, n'est pas fâchée de se délier la langue en échangeant quelques paroles : c'est la seule consolation d'une mère au bal, regrettant le temps où sa place aussi restait vide.

En entrant, je fus frappé de ce cercle de quelques centaines de femmes plus ou moins parées, mais je me demandais où étaient les hommes : on en comptait à peine un pour dix femmes. Aussi l'orchestre, fort bon d'ailleurs, s'évertuait à jouer contredanses, valses, polkas, personne ne bougeait, non que quelques invitations ne se fissent à droite et à gauche à de jeunes filles dont les jambes se crispaient d'impatience, mais nul ne voulait commencer.

Ici je regrettais véritablement cette animation des bals du dimanche des environs de Paris. Je ne dis pas que la composition en soit parfaite, mais du moins l'entrain y règne et les grimaces en sont bannies.

Enfin un couple se décide, un autre suit, et bientôt tout est en branle, mais on avait passé une bonne heure à se regarder en bâillant.

Dans ces salons où l'on ne se connaît que peu ou point et où tout le monde est censé être de bonne compagnie, il est difficile de distinguer le rang des femmes lorsqu'elles sont assises, mais il en est autrement quand elles marchent ou dansent : à ceci je me trompe rarement. L'appréciation se fait mieux encore lorsqu'elles parlent, mais on s'y trompe pourtant plus longtemps que quand il s'agit d'hommes : ceux-ci, on les juge presqu'à coup sûr, du moins quant à l'éducation, après un quart-d'heure d'entretien. Rien surtout ne se dessine mieux que la différence d'un vrai savant à celui qui croit l'être. Là, pas d'erreurs possibles, et maintes fois j'ai été, en quelques minutes, bien que peu savant moi-même, complètement désillusionné sur de grandes renommées scientifiques, littéraires ou politiques que j'admirais de confiance depuis nombre d'années. Ceux dont la réputation s'est ainsi faite sans qu'ils aient jamais rien fait, et sur des on-dit ou avec les plumes du paon, ne devraient jamais, dans leur intérêt, ouvrir la bouche que pour dire bonjour ou bonsoir. On a fait autrefois le petit dictionnaire des grands hommes; on pourrait faire aujourd'hui celui des nullités célèbres et dont la renommée repose sur quoi? — Chacun se le demande, et personne ne le sait, pas même elles.

Parmi cette légion de femmes, on m'en désigne quelques-unes portant de très-beaux noms. Ont-elles d'autres mérites? — C'est ce qu'on ne peut me dire. Dans un bal ou tout autre réunion de plaisir, le nom ne fait rien à l'affaire : là, c'est la grâce et la beauté qui règnent ; l'amabilité vient ensuite et peut augmenter la liste des belles. J'en ai vu plus d'un exemple : telle femme qui, au premier aspect, m'a paru insignifiante et même laide, après un quart-d'heure de causerie, me semblait très-supportable, et la demi-heure ne s'était pas écoulée que je la trouvais charmante.

J'ai remarqué que ce ne sont presque jamais les femmes incontestablement belles qui font les passions. Cela est plus rare encore quant aux hommes : un très-bel homme fait des caprices, mais de longues amours, non ; et l'histoire des Apollons et des Antinoüs trompés serait plus riche que celle des Vulcains et des Claudes.

C'est en faisant ces réflexions philosophiques que j'allai me coucher.

———

Vichy, 22 août 1857.

A LA MÊME.

Dans les villes de bains, les jours se ressemblent fort : on déjeûne à dix heures, on dîne à cinq. Les figures changent, mais les plats restent les mêmes. Toutes ces bonnes choses, car les tables ici sont très-bien servies, qui vous ont tant séduit les premiers jours, vous paraissent bientôt insipides. Il n'y a pas jusqu'aux poissons tout frais, tout frétilllants de notre aimable pêcheur, qui me paraissaient si friands d'abord, que je ne mange aujourd'hui que par politesse et crainte de le désobliger.

J'ajouterai que, dans la vie ordinaire, on ne me sert que deux plats à mon déjeûner et jamais plus de trois à mon dîner. Une table surchargée de mets me coupe l'appétit; j'y goûterai de tout, mais c'est pour la forme, et si peu qu'en résumé, en croyant avoir dîné, j'aurai mangé à peine, et deux ou trois heures après, j'éprouverai des tiraillements d'estomac qui ne sont autre chose que ceux du besoin : j'ai faim. Si j'avais dit à mon docteur que je me substantais ainsi, il est probable qu'il m'aurait répondu : baignez-vous quand vous voudrez, vous ne mourrez jamais d'indigestion.

La chaleur est toujours grande, et le temps nuageux. Aujourd'hui, l'orage éclate : pas moyen de sortir. Tout le monde est donc là bâillant, sauf notre grand pêcheur qui a trouvé ce temps admirable pour faire venir le brochet, lequel, me dit-il, se moque du tonnerre et court au devant de l'éclair qui l'égaie et qu'il prend pour un rayon du soleil où, comme on sait, il aime à dormir entre deux eaux. Le tonnerre, de son côté, ne semble pas être l'ennemi des poissons, et je n'ai jamais entendu dire que bête aquatique ait été foudroyée.

Après déjeûner, je reste à causer avec la dame aux cheveux noirs. Elle a lu mes œuvres, à ce qu'elle assure :

il est vrai qu'elle en a oublié les titres et qu'elle ne sait pas un mot de ce qu'ils traitent; mais n'importe ! elle est gracieuse, elle cause bien, je mets ici de côté mon amour-propre d'auteur, je ne vois que la jolie femme. D'ailleurs, je n'ignore pas que, si j'ai beaucoup écrit, on m'a fort peu lu, et que si je n'avais eu que ma plume pour vivre, je serais, depuis longtemps, mort de faim. Là-dessus, je me suis consolé, et, comme les autres barbouilleurs mes confrères, j'ai dit : ces volumes qui dorment aujourd'hui se vendront, quand je ne serai plus, au poids de l'or, ou bien à celui du papier, pour aller finir chez la beurrière, cet *in pace* ordinaire des éditions vierges.

L'orage semble se calmer, les éclairs deviennent plus rares, le tonnerre s'est tu, le soleil se montre : rien de beau comme la verdure après la pluie. J'entre dans le parc, je m'assieds sur un banc qu'un rayon a séché; je prends mon crayon, et, sur une enveloppe de lettre, j'écris... quoi?—Un roman?—Non.—Une idylle?— Encore moins.—Quoi donc?—Une complainte (1). En voici le début :

> Bien longtemps la chanson, en France,
> Fut le complément du festin;
> Sans le refrain, sans la cadence,
> Pas de bon plat, pas de bon vin.
> Mais méchante elle est devenue;
> > Oui, mes amis,
> > Je vous le dis :
> > La chanson tue.

(1) C'est à Vichy que l'auteur a composé une partie des chansons qui forment son livre intitulé : *Les Maussades*.

> A son début, elle caresse :
> C'est la chatte qui fait le mort ;
> Puis montrant sa griffe traîtresse
> Qui vous égratigne et vous mord,
> Car méchante elle est devenue.
> Oui, mes amis.....

Au plus chaud de mon inspiration poétique, voici une ondée qui vient éteindre ce feu divin. Que l'eau de pluie ressemble peu à celle d'Hippocrène ! Homère, dégouttant d'eau, eût vainement invoqué les Muses, et Apollon, trempé, se fût laissé écorcher par Marsyas.

Dans ce moment, je n'invoque que mon parapluie ou une éclaircie. Percé jusqu'aux os, et assez penaud, je retourne à l'hôtel. M. N** y rentrait en même temps que moi et tout aussi mouillé, avec cette différence qu'il était rayonnant et devait l'être : il revenait chargé de dépouilles opimes ; il tenait à la main, pendu à un lien d'osier, un véritable monstre marin, une truite, la plus grosse qui, de mémoire d'homme, soit sortie de l'Allier. Notre heureux pêcheur se dirigeait vers la cuisine, où il m'invita à l'accompagner pour assister au conseil culinaire qui allait s'y tenir.

Il s'agissait de savoir à quelle sauce on mangerait la bête ; serait-ce à la sauce blanche, à la hollandaise, à la genèvoise, au court bouillon, au bleu, à l'huile ? Graves questions. Elles allaient être mises aux voix, lorsqu'un des membres du comité demanda la question préalable ou celle de savoir si l'animal serait servi chaud ou froid. Cette diversité d'état entraînait une différence de sauce, circonstance qu'il fallait prévoir, car elle pouvait amener une fin de non-recevoir et, par suite, un partage de voix et un nouveau scrutin.

On se décida pour l'état froid. La décision était sage : un beau poisson entouré de persil et de fleurs est un noble spectacle. Mais la conséquence est ici une riche saumure : il fut arrêté qu'elle serait faite d'un bon vin blanc généreusement épicé.

La sauce à l'huile découlait naturellement de cette conclusion : elle fut confirmée par le scrutin qui fut unanime. Cette belle naïade de l'Allier, comme le dit très-poétiquement un jeune lauréat du collége de Bourges, arrivé de la veille, fut ainsi consacrée à Bacchus et à Minerve, soit au jus de la grappe et à celui de l'olive, ce qui, tout prosaïquement, veut dire : à l'huile et au vinaigre.

Cette grave délibération avait demandé du temps ; l'heure du dîner approchait. Il ne fallait pas songer à préparer le poisson pour le jour même : sa présentation fut donc remise au lendemain.

En sortant du conseil, je me rends au bain. Je dois y rester trois quarts-d'heure et y boire aussi trois quarts de verre d'eau : telle est la prescription. Trop heureux si je puis, par-là, être aux trois quarts guéri !

A dîner, il ne fut question que de la capture de M. N**, dont le bruit s'était déjà répandu dans toute la ville. Les dimensions en avaient prodigieusement crû en passant de bouche en bouche : c'était maintenant un animal de taille à avaler Jonas, une baleine, un léviathan, progression qui me parut toute simple et conforme à certains phénomènes locaux. J'ai remarqué partout que les eaux thermales, qui font quelquefois maigrir les gens, sont souveraines pour grossir les choses.

Le soir, il y avait concert au salon. Cette fois, j'avais

eu grand soin d'y faire retenir une place. J'y trouvai une brillante réunion. L'orchestre était peu nombreux, mais bien choisi. Il y avait surtout un quatuor remarquable dont on me nomma les acteurs : Accursi, **Poincet**, Jules Simon et Delpech, violon, basse, cor à **piston**, flûte. Un chanteur comique nous divertit fort avec ses couplets et ses monologues dont quelques-uns sont fort drôles. Cependant je n'ai vu personne, en ce genre, égaler M. B**, de Saint-Valery : ici l'amateur l'emporte sur l'artiste ; et dans ce genre chansonnette, par la gaîté, le bon ton et l'esprit qu'il y met, il est vraiment inimitable.

Le lendemain était un grand jour pour Vichy : **on** attendait un haut dignitaire dont on espérait monts et merveilles pour l'amélioration de quelques parties de l'établissement thermal ; mais les commensaux de l'hôtel s'en préoccupaient peu : ils avaient bien autre chose à penser. Je passe donc sous silence les évènements de la journée, et j'arrive tout de suite à l'heure du dîner.

Aucun des convives ne manquait à l'appel : le seul nom de truite, et de truite saumonée, chose rare dans l'Allier, avait éveillé tous les appétits, toutes les curiosités. Il fallut mettre trois allonges à la table, et nonobstant, faute de place, on dut refuser vingt personnes. Le reste, bien qu'un peu pressé, put s'asseoir, et la fameuse bête, couronnée de fleurs, fut **apportée aux acclamations générales**.

A son port et à sa robe parsemée d'étoiles d'or, on ne pouvait s'y méprendre : c'était la reine des truites. Sa légitimité royale ainsi reconnue, tout le monde se leva, et l'heureux capteur fut proclamé roi des pêcheurs.

Il avait doublement droit à ce titre : il faut vous apprendre que dans la matinée, fuyant les splendeurs de la réception faite au grand dignitaire et les douceurs du *far niente*, il s'était retiré dans un lieu solitaire et connu seulement des pêcheurs inspirés. Là, tant qu'en anguilles, tanches, barbeaux et barbillons, il avait trouvé moyen de réunir les éléments d'une matelotte pyramidale, mais qui ne l'était pas trop pour fournir à tant de bouches affamées.

Que vous dirai-je ? le triomphe du digne homme fut complet : truite et matelotte, tout était excellent ; aussi n'en resta-t-il miette, et le combat finit faute de combattants.

Le champagne, versé à flots, couronna la fête, et chacun, bien nourri, bien abreuvé, se rendit au bal paré qu'on donnait au salon.

Vichy, 24 août 1857.

A LA MÊME.

La fin d'août ne s'annonce pas bien ; il fait froid, le soleil est voilé, les jours s'écoulent d'une manière monotone, et si je n'avais le travail pour distraction, je mourrais d'ennui.

Je vous ai dit, chère Noémï, pour votre gouverne quand vous viendrez ici, que l'accompagnement ordonné des eaux sont les cancans sans lesquels on ne pourrait les digérer : ainsi, faites-en bonne provision. C'est le matin surtout, en buvant son premier verre d'eau, qu'on procède à ce traitement préparatoire et que les confidences s'échangent. Les baigneuses nouvellement arrivées, notamment celles qui se sont fait remarquer par leur beauté ou leur toilette, y sont passées à l'alambic des on-dit, et Dieu sait si le chapitre en est long.

Ces causeries de voisinage ne se généralisent que lorsqu'une nouvelle politique, quelque grand scandale ou quelque crime hors ligne viennent y faire diversion. C'est, en ce moment, un procès d'Afrique, l'affaire du capitaine Doineau, qui occupe tout le monde. Quel en sera le dénouement?—C'est ce que chacun se demande à la *grande grille,* source à laquelle il m'est maintenant ordonné de boire.

Notre pêcheur n'a point paru au déjeûner; on s'en étonne, on s'en inquiète même, car il fait la joie de la table où il est aimé de chacun. Aussi, en le voyant paraître au dîner, la satisfaction est générale.

Ce fut de sa famille qu'il nous parla et de l'établissement de ses filles. « Quand je voulus marier l'aînée, nous dit-il, elle avait plus d'un prétendant, et je ne savais auquel entendre. L'un me dit:—Donnez-la-moi, et je ne vous demande pas de dot.—Cela m'arrangeait joliment. Le jeune homme semblait aussi convenir à la petite: si elle ne disait pas *oui,* elle ne disait pas *non.* On sait, chez les jeunes filles, ce que cela signifie. Le désintéressement du futur la charmait: c'était pour elle seule qu'il l'aimait. Une chaumière et son cœur, et tout le monde était content.

Je traite donc l'affaire comme une livraison à terme, et je me dis: c'en est toujours une de placée. Mais voilà qu'un matin mon futur gendre, qui ne voulait pas de dot, vient me dire : — Combien donnez-vous à votre fille ? — Cela me fit réfléchir ; je vis que j'avais à faire à un de ces malins qui ne demandent rien afin d'avoir tout. Il s'en rencontre de cette espèce en affaires comme en amour, mais dans l'un comme dans l'autre cas, je sais où je mets le pied, et j'y vois clair, bien que d'un œil. — Pourquoi pas des deux ? lui dis-je. — C'est que je n'en ai qu'un. »

A ces mots, tout le monde le regarda, et, lui voyant deux yeux bien ouverts, ne crut qu'à une de ses plaisanteries ordinaires. Je le crus comme les autres, et je me mis à rire. « Ah ! vous riez, me fit-il, et vous pensez que je me vante. » Alors, prenant son couteau, il frappa sur son œil qui sonna comme une pierre. La surprise fut générale : personne, et moi-même son voisin, ne se doutait de son infirmité. Elle venait d'un accident : étant enfant, un de ses camarades, en jouant, l'avait ainsi défiguré.

Ce soir, il y a bal chez le ministre. J'ai reçu une invitation, mais je n'irai pas : la danse n'est plus ce que j'aime. Il n'en était pas ainsi dans ma jeunesse. Ah ! comme mon cœur battait la veille d'un bal, et comme il battait encore à mon entrée dans la salle, cherchant de l'œil telles ou telles danseuses sans lesquelles le bal me semblait désert, et que je m'empressais d'aller inviter ! Alors la danse était un art, elle faisait partie de l'éducation, et l'on jugeait un homme à ses ronds de jambes et ses entrechats. Je passais pour bon danseur et meilleur valseur. Jamais une valseuse expérimentée ne déclinait mon invitation, en eût-elle déjà une. Cette préférence m'avait valu plus d'une querelle, mais je n'étais pas plus étranger aux salles d'armes qu'aux salles de danse, et je savais me défendre. En général, on était alors plus habile qu'aujourd'hui : on ferraillait beaucoup et l'on se tuait fort peu. A l'escrime, comme en bien d'autres choses, j'ai toujours eu peur des maladroits.

A dîner, sont deux Belges, les plus silencieux du monde; ils se parlent à peine entr'eux et toujours à voix basse. A notre table, qui est devenue presqu'une table de famille, on regarde cela comme une inconvenance : on était arrivé à croire que chacun devait apporter son mot ou sa part d'amabilité.

Je vais voir mon médecin, car ici ce sont les malades qui font les visites. Le bon docteur a l'air de l'être plus que ses pratiques. A quoi sert donc d'être de la faculté? Si les médecins pouvaient guérir quelqu'un, ils commenceraient par eux-mêmes; et comment avoir confiance en eux, s'ils meurent autrement que de vieillesse?

Le soir, en sortant du salon, je rencontre une dame en rubans rouges, qui prétend que je suis de sa connaisnaissance. Elle veut absolument que je lui donne le bras, craignant, dit-elle, de traverser seule l'obscurité du parc, et ayant les choses les plus importantes à me communiquer. Les secrets d'une jolie femme, cela doit être fort intéressant; toutefois je résiste à la curiosité, et, comme le colimaçon, je reste dans ma coquille. Ces baigneuses mystérieuses, qu'on ne voit pas au salon et qui logent on ne sait où, ne sont pas rares à Vichy. Papillons de nuit, elles n'apparaissent qu'au brouillard; différentes des papillons ordinaires qui se brûlent à la chandelle, souvent ici c'est le contraire qui arrive.

Aujourd'hui, à diner, M. N** fait parler les deux Belges. Ce sont, comme lui, deux riches négociants ou fabricants de peaux, qu'il nomme sans façon des tanneurs, non par dénigrement, car c'est aussi la qualité qu'il prend. Il n'est pas homme à croire qu'une industrie, quand elle est loyale et utile à tous, puisse déconsidérer quelqu'un. Celle de la fabrication des peaux est assurément l'une des plus indispensables et aussi l'une des plus profitables, et elle a conduit à la fortune bien des familles aujourd'hui très-aristocratiques.

La conversation vint à tomber sur l'instruction des femmes. M. N** prétendait que c'était aux maris de s'en charger, et que celles qui en savaient trop valaient ordinairement moins que celles qui n'en savaient pas assez; qu'il n'était jamais impossible d'ajouter à l'instruction, mais qu'il l'était souvent d'y retrancher : l'arbre de science a aussi ses mauvais fruits et ses branches parasites.

Après avoir répondu aux objections, car il n'est pas de raisons, quelque bonnes qu'elles soient, qui n'en soulèvent, il en vint à l'éducation. Celle qu'on donnait dans les pensions n'était nullement de son goût; il préférait celle du logis et sous les yeux de la mère, la seule propre, selon lui, à faire des femmes de ménage. Celles à qui l'on donnait ce qu'on nomme une instruction brillante pouvaient sans doute briller dans un salon et se faire admirer au bal, mais en ce qui concerne la conduite d'un ménage et la direction à donner à la moindre affaire, elles n'en savaient pas plus qu'à dix ans, peut-être moins, car cette éducation mécanique, où les âmes étaient mises en forme ou passées au laminoir, n'était propre qu'à les aplatir et faire avorter les facultés généreuses dont Dieu les avait douées. Bref, selon lui, toutes nos écoles de filles étaient des étouffoirs, et nos colléges autant d'ateliers d'ajustage où l'on taillait les enfants, comme on taille les échalas, sur un patron donné, à la mesure de la vigne, dont pas un peut-être ne goûtera les fruits.

Puis, en revenant aux filles : « Quant au goût de la toilette, disait-il, il leur vient au sortir du berceau, et la petite en bavette, qui ne peut pas encore avoir dix robes, les rêve pour sa poupée : que sera-ce donc à vingt ans? Et l'on se plaint de la difficulté de marier les filles! A qui la faute? Aux mères et aux filles elles-mêmes, qui ne voient pas que les épouseurs, effrayés, fuient devant ces luxueux chiffons, comme les moineaux devant les loques qu'on met aux arbres : ils craignent aussi d'y laisser leurs plumes; et en supputant ce qu'il leur en coûtera pour habiller madame, ils se demandent s'il leur restera quelque chose pour se vêtir eux-mêmes.

Que les filles qui veulent un époux apprennent l'économie, qu'elles se dépouillent de tous ces oripeaux qui n'embellissent pas les laides et gâtent bien souvent les belles. La simplicité des manières et celle des vêtements, voici la parure des vierges : qu'elles laissent les fausses dorures aux courtisanes. »

Si cette sortie de notre pêcheur fit sourire quelques hommes, il était facile de voir, au silence qui suivit, qu'elle n'était pas du goût de toutes les femmes. Il avait touché la corde sensible et mis le pied sur la crinoline : cela les blessait au cœur. Bien des années encore s'écouleront avant qu'on les convertisse sur ce point. Il a fallu une révolution pour faire passer la mode des paniers; il en faudra deux, peut-être même un cataclysme social, pour détrôner la crinoline.

J'ai pu, un jour, mesurer l'influence que cette toilette exerce sur nos femmes et où les porterait l'idée seule d'en être privées. C'était à Paris, un dimanche, dans la grande allée des Tuileries. Il faisait beau, les belles promeneuses abondaient. Tout-à-coup, au milieu de ces robes à la gigantesque envergure, apparaît une femme jeune et belle, à la stature imposante et du meilleur monde, si l'on en jugeait aux manières du cavalier déjà âgé qui l'accompagnait et à la riche simplicité de sa mise. Mais sa robe, veuve de toute crinoline, lui tombait sur les talons, comme le voile d'Iphigénie.

Dans ce costume, elle n'était certainement pas plus ridicule que ces divinités grecques ou ces matrones romaines dont nous admirons tous les jours les images dans nos musées. Néanmoins, tant est grande la force de l'habitude et la fascination de la mode, j'éprouvai en la voyant un sentiment de surprise et presque de malaise : ses formes que sa robe laissait entrevoir, sa belle tête elle-même qui, ne sortant pas d'une cloche, reposait sur des épaules et un torse dignes de la statuaire, me semblaient une étrangeté, une sorte de contre-sens. Depuis si longtemps je n'avais vu une femme dans une tenue normale, que mes yeux n'y étaient plus accoutumés.

La réflexion me rendit bientôt à la vérité; je sentis que le contre-sens ici venait de moi, et que la mise de cette étrangère était d'un goût plus pur que toutes ces ébouriffantes toilettes qui m'environnaient. Mais un autre spectacle m'attendait : les yeux de toutes ces femmes étaient attachés sur la nouvelle venue. Un peintre qui aurait pu en saisir l'expression aurait fait un chef-d'œuvre. Ce n'était pas un simple étonnement que leurs figures exprimaient, c'était de l'horreur. Elles ne disaient mot, elles ne raillaient pas, elles étaient trop impressionnées pour cela : elles semblaient frappées de stupeur. Pour elles, cette inconnue emprisonnée dans une gaîne était un être hors nature, une monstruosité : elle leur faisait peur. Toutes semblaient dire : —Est-ce que je pourrais être comme cela ? Ah ! plutôt la mort ! — Et, pour rien au monde, pas une n'aurait consenti à se montrer ainsi en public.

Que, de son plein gré, cette femme eût accepté ce costume, ne venait à la tête d'aucune ; la chose leur semblait impossible : elle était victime de quelque mystérieuse tyrannie, de celle d'un père maniaque, ou bien d'un époux jaloux. Toutes la plaignaient et se seraient précipitées pour l'arracher des mains du monstre qui la condamnait à un tel supplice. J'en entendis une s'écrier : « Mais il n'y a donc pas de lois dans le pays de cette pauvre femme ainsi martyrisée !... Ah ! ce n'est pas chez nous qu'on tolèrerait de telles abominations ! »

La belle étrangère ne se doutait probablement pas de la pitié qu'elle inspirait. Mais la curiosité dont elle était l'objet n'avait pu lui échapper : on la vit donc bientôt, suivie de son cavalier, gagner la grille où l'attendait une élégante voiture.

Il est à croire qu'éclairée par cette épreuve, elle ne s'est plus montrée à Paris sans l'indispensable cage et les volants d'ordonnance.

Vichy, 26 août 1857.

A LA MÊME.

C'est une chose vraiment étrange que la vie des bains, où personne n'a rien autre à faire qu'à boire, manger, dormir et s'étaler dans une baignoire.

Durant les intervalles qui semblent ordinairement fort longs, car l'oisiveté n'est pas le plaisir, chacun s'ingénie à tuer le temps et n'y réussit pas toujours. Aussi, qu'y rencontre-t-on ? — Des militaires éclopés qui fument; des dames qui minaudent et parlent toilette, faute de mieux, quand le scandale ne donne pas; des ecclésiastiques disant leur bréviaire ou méditant un sermon pour le carême suivant; des religieuses jabotant deux à deux ou égrainant leur chapelet : le tout se croisant dans les allées ou, s'il pleut, se coudoyant sous les galeries, singulière bagarre qui se distingue des autres foules par l'absence de gens affairés ou pressant le pas : ici, personne ne court ni ne semble aller quelque part. Ce n'est guère qu'aux eaux qu'on trouve cette mansuétude du désœuvrement et ces formes errantes qui me représentent toujours les ombres heureuses mais légèrement ennuyées des Champs-Élysées de l'Énéide.

Il est à croire que la vie monastique, en nous sauvant du péché ou des infirmités morales, ne nous préserve pas des infirmités physiques. Nulle part, ni en Espagne, ni en Italie, ni en Sicile, je n'ai vu réunis tant de prêtres et de religieuses qu'à Vichy. Les églises et les alentours des fontaines en sont pavés. Il est regrettable que les lois monastiques leur défendent de paraître au salon ; ces nonnes de toute couleur, car il y en a de brunes, de noires, de grises, de blanches, de bleues, de bigarrées, etc., et, dans ce nombre, de fraîches et jolies, y formeraient une belle et sainte guirlande. Mais jeunes ou vieilles, rien n'annonce qu'elles soient en traitement pour une paralysie de langue, ou si elles y sont pour cela, le remède fait merveille.

La vérité est que ces pauvres recluses doivent n'être pas trop fâchées d'une ordonnance qui les envoie aux eaux, et j'approuve fort les médecins qui les leur délivrent. Ces instants de liberté doivent prévenir quelques-unes de ces vieillesses anticipées, de ces morts précoces, trop fréquentes dans les cloîtres par le manque d'air et le défaut d'exercice. Pourquoi donc les religieuses n'auraient-elles pas leurs jours de vacances ? Ne rendent-elles pas assez de services à la société pour que cette société leur accorde quelque repos ? Ces hospitalières, ces institutrices des pauvres, ces gardes-malades, ces sœurs des salles d'asile et des crèches qui sauvent tant de petits enfants négligés ou malmenés par les parents, ces véritables mères des orphelins doivent-elles donc mourir à la peine ?

Je trouve, à déjeûner, un Grec que j'avais vu à Smyrne. Nous causons de Mgr Alberti, évêque de Syra, dont je n'avais pas oublié l'aimable accueil lors de mon voyage à Athènes et à Constantinople. Il me parle aussi de Yani Catargi, célébrité d'un autre genre et brigand fameux. Il était facteur à Smyrne ; il eut une dispute avec un Turc qui tira sur lui un coup de fusil, mais sans l'atteindre. Catargi trouva moyen de s'emparer de son ennemi. On croyait celui-ci perdu, et, au grand étonnement de tous, il le renvoya sans lui avoir causé d'autre mal que la peur.

Un des convives, négociant, je crois, déblatère contre les Grecs; il dit qu'il ne fera jamais d'affaires avec eux, parce qu'ils sont tous voleurs. Je l'avertis doucement qu'il y a un Grec à table. « Je le sais, me dit-il, et c'est pour cela que j'en parle. » Les Belges se joignent à lui, et mon pauvre Smyrniote qui, d'un coup de poing, eût assommé ses adversaires, reste calme et résigné. Alors je prends sa défense; je dis qu'il est injuste de généraliser ainsi une accusation contre une nation tout entière; que s'il y a des fripons partout, partout aussi il y a d'honnêtes gens. On finit par comprendre que j'avais raison, et on laissa mon Grec tranquille. Cette attaque imméritée est la seule inconvenance que j'aie vue commettre à notre table.

Nous voici au 26 août. Les jours se succèdent sans variation, les eaux ont toujours le même goût et les bains un même degré de chaleur. Je les ai pris consciencieusement, et n'ai pas bu un verre d'eau de moins que le voulait la consigne. Je n'en suis pas plus malade, j'ai toujours la tête et l'estomac bons; mais mes jarrets, pour lesquels j'étais venu demander à cette fontaine de Jouvence un peu plus de souplesse, n'en sont pas moins roides, et je crois, malgré les promesses de la médecine, que je ne retrouverai pas mes jambes de quinze ans.

J'ai rencontré, hier, une ancienne connaissance, M. Gréterin (1). Je savais qu'il était à Vichy, mais je

---

(1) M. Gréterin, depuis sénateur, était alors conseiller d'Etat et directeur général des douanes.

ne l'avais pas même aperçu. Ma vue semble le frapper. Je crois reconnaître, à son air, qu'il est étonné de voir, à moi retraité, à moi fossile, une apparence de jeunesse : c'est l'effet que je fais partout. La vieillesse n'est, chez moi, que dans les extrémités; elle paraît peu sur ma figure et à ma taille qui est restée droite, par l'habitude que j'ai prise et que je vous conseille, chère nièce, de faire prendre à vos enfants, de marcher la tête haute et de ne pas se courber en lisant ou en écrivant. L'aspect de M. Gréterin produit sur moi l'effet contraire : je le trouve vieilli et blanchi. Je l'avais vu, deux ans avant, si frais encore et si bel homme ! Ce changement m'afflige, et je me détourne pour qu'il ne voie pas l'impression que j'éprouve.

Vous me demandiez un jour, c'était en 1852, lorsque je pris ma retraite, comment j'étais avec lui. Je ne vous répondis pas. Pourquoi ? — C'est qu'en vérité je n'en savais rien. Je ne lui voulais certainement pas de mal, mais je ne pouvais dire s'il me voulait du bien. On l'avait assuré que je désirais ma retraite; c'était vrai, mais je ne le lui avais pas dit, et quand il la proposa au conseil, ce fut sans m'en prévenir. Je l'acceptai sans réclamation. Ma direction était supprimée, je ne me souciais pas d'en aller chercher une autre ailleurs; puis j'avais projeté depuis longtemps les voyages que j'ai exécutés, et je me trouvais heureux d'être libre. Pendant les longues années où j'ai administré sous ses ordres, nos relations se bornèrent à celles de service. Je n'en ai eu d'autres qu'en 1848 : lorsque la capitale était en feu, je lui proposai de m'envoyer sa femme et ses enfants qui trouveraient chez moi, à Abbeville, la plus pacifique des villes, le repos qu'on n'avait plus à Paris. Je proposai la même chose à M. de Lamartine lorsqu'il eut perdu la partie et que je crus sa personne en danger, mais lui non plus n'accepta pas, et voulut rester sur la brèche.

Quant à nos opinions, celles de M. Gréterin, en finances du moins, étaient l'antipode des miennes. Il n'était pas l'ami de la liberté du commerce, tant s'en faut. Mon livre contre les prohibitions était pour lui un véritable contre-sens. Le *libre échange* que j'avais demandé en 1830, mon *Petit Glossaire,* ma proposition en 1833 d'une *exposition universelle,* lui avaient paru autant d'énormités.

Est-il encore de cet avis? — Je ne sais, mais un jour, il cessera de l'être et reviendra au mien : tôt ou tard la vérité nous atteint, le préjugé s'efface et le bon sens triomphe. Du reste, je lui ai toujours rendu justice· homme intègre, administrateur équitable, sa gestion est restée pure. Sans doute on pourrait lui demander plus d'ampleur dans les idées : ses vues financières manquent de portée, mais elles sont consciencieuses.

Ajoutons que cette politique étroite, cette fiscalité méticuleuse était celle de la grande majorité de nos hommes d'Etat, d'accord en ceci avec les deux chambres où la droite et la gauche ne semblaient s'entendre que sur ce point : *prohiber,* mot étrange dans la bouche de nos coryphées de la gauche, de ces libéraux quand même, mais qui ne le prononçaient pas moins haut que les plus encroûtés doctrinaires. On peut se rappeler les cris d'indignation qui partaient de tous les bancs lorsque quelqu'aventureux orateur, accidentellement atteint d'un rayon de lumière, proposait d'abaisser l'un de ces droits qu'on nommait *protecteurs,* ou de lever la prohibition de quelqu'article manufacturé qu'on ne pouvait faire en France ou qu'on y faisait mal et à haut prix, au grand détriment des consommateurs. A ce doute émis sur la bonté de nos produits et les bienfaits du monopole (1), tous les députés fabricants, propriétaires de mines ou d'usines, producteurs de fer, etc., en un mot, tous les industriels, quelle que fût leur couleur, royalistes, bonapartistes ou républicains, se levant comme un seul homme, s'écriaient qu'on voulait ruiner la France, et qu'ils n'avaient plus qu'à renvoyer leurs ouvriers et fermer leurs ateliers.

Que pouvait un directeur des douanes contre ces prohibitionnistes enragés, abrutis par la routine, aveuglés par l'intérêt de clocher et qui, premières victimes de leur égoïsme qu'ils nommaient patriotisme, se coupaient les mains pour paralyser celles du voisin? Les éclairer était difficile; d'ailleurs, pour ceci, il fallait y voir clair soi-même et avoir une conviction qu'alors bien peu de personnes avaient ou osaient manifester.

Cette conviction, M. Gréterin ne l'avait pas; loin de là, il avait la foi contraire: enfant de la vieille école où il avait conquis tous ses grades, imbu des traditions et

---

(1) Il existe en France, sur les frontières, pour repousser les produits étrangers, trois lignes de douanes et, en outre, des brigades ambulantes pouvant poursuivre les marchandises et les saisir dans l'intérieur et à domicile. Ce régime a toujours été maintenu par les chambres; et les députés de nos villes manufacturières, au nom de leurs commettants, se sont souvent plaint, non de sa rigueur, mais de son insuffisance Si l'on eût proposé l'établissement d'une quatrième ligne, elle eût été votée à une grande majorité.

des lois du premier Empire, lois draconiennes, mais peut-être nécessaires alors, il croyait de son devoir de les maintenir, et, fidèle à des principes qui avaient été ceux de sa vie entière, il voulait les appliquer avec toutes leurs conséquences.

On s'explique alors comment tant de formalités vexatoires ou inutiles, plus lourdes pour les masses, par la perte de temps qu'elles entraînent, que l'impôt lui-même, religieusement conservées, ont flori et florissent encore dans toute l'étendue de l'Empire. C'était la consigne qu'il avait reçue et acceptée en devenant, en 1830, le chef de l'administration des douanes, et il a tenu à honneur de remplir son mandat. — Doit-on lui en faire un reproche? — Non. Il a pu se tromper, mais nous le répétons, il l'a fait en conscience et n'a voulu tromper personne.

Aussi, lorsqu'en 1848 on fit table rase des directeurs généraux, consulté, je le défendis, et il fut le seul qu'on épargna. On m'avait offert sa place, je l'ai refusée. Il la garda donc, et il l'a encore.

Cette même place m'avait aussi été proposée en 1830 : un de mes amis l'occupait, je n'en voulus pas, et ce fut sur mon refus que M. Gréterin fut nommé.

En 1830 comme en 1848, si j'eusse été à la tête des douanes, je crois que le pays y aurait gagné, du moins j'aurais fait tout pour cela. Ma position était bonne, puisque j'avais toujours prêché la liberté commerciale. Mais m'aurait-on écouté? — C'est douteux : 1848, non plus que 1830, ne se montra fort sur ces questions internationales. La bureaucratie était là, et, à une époque comme à l'autre, il lui a suffi de secouer ses paperasses pour noyer dans la poussière le bon sens et la liberté. Ce fut surtout en 1848 qu'on vit ce spectacle nouveau d'une république asphyxiée à la fois par cette poussière absorbante échappée des cartons et par une pluie d'eau bénite jaillissant des sacristies (1). L'eau bénite fait parfois naître des fleurs ; quant à la poussière, jamais.

En ce qui concerne cette liberté commerciale, ce libre échange que, depuis tant d'années, j'appelle de tous mes vœux, parce que j'y vois la prospérité de mon pays et l'aurore de la paix universelle, je crois pouvoir prédire que son triomphe approche. Le brouillard commence à se dissiper : moins timide, l'industrie ne tremble plus devant une machine anglaise. Le fisc desserre ses tenailles ; les vieilles barrières, ébranlées, vont manquer par le pied. Le sens commun prend le dessus et fera le reste.

Mais où vais-je ici, ma chère Noémï, rabacher douanes et politique ! Si c'est pour vous divertir, je m'y prends singulièrement. Donnez-moi sur les doigts, afin que je n'y revienne plus.

A dîner, on cite une dame fort riche et fort belle, arrivée aux eaux depuis deux semaines, dont la manie est de faire collection des verres où ont bu des personnes remarquables par leur nom, leurs écrits, leur beauté, enfin par une célébrité quelconque. Elle achète à tout prix ceux que peuvent se procurer les verseuses

---

(1) Qui n'a vu, en 1848, nos bons curés, d'un bout de la France à l'autre, arroser d'eau bénite nos arbres de liberté? Personne ne les en blâma : ils croyaient ainsi ramener la paix. D'ailleurs, ce mot *liberté* fait battre tous les cœurs, celui du pasteur comme ceux de ses brebis.

d'eau, ou elle en dépose aux fontaines pour qu'elles y fassent boire les baigneurs qu'elle leur désigne. On dit qu'aucun homme n'a réclamé, mais quelques femmes ont trouvé la chose fort impertinente, et ont défendu à la gardienne de céder ou même prêter le verre où buvait leur mari. On ajoute qu'une dame s'est fort compromise en étendant la défense au verre d'un homme qui n'est pas le sien.

Au fait, la manie de la belle collectionneuse n'est pas aussi sotte qu'elle paraît d'abord, et la suite des coupes et vases à boire de nos personnages historiques serait un beau fond de musée. A la taille du verre, on jugerait celle de l'individu ou au moins de la capacité de son estomac et la solidité de sa tête. Je me souviens que, dans mon enfance, je vis un jour mon père presqu'en colère en recevant, soigneusement empaquetés, un verre à boire et une écaille d'huître. Ni l'un ni l'autre n'offraient rien qui pût intéresser un amateur scientifique comme l'était mon père; il crut qu'on avait voulu se moquer de lui. Il n'en était rien : la lettre accompagnant l'envoi était du receveur des douanes du Tréport, digne homme qui devait sa place à mon père. M. Boulaud, c'était son nom, lui annonçait que le premier consul, visitant la veille le Tréport, était entré chez lui, qu'il y avait fait apporter des huîtres et y avait déjeûné; que c'était l'écaille de la première huître qu'y avait mangée le premier consul et le verre où il avait bu qu'il lui envoyait.

Mon père rit de tout son cœur de ce singulier cadeau; il écrivit au brave homme un mot de remercîment, puis jeta l'huître par la fenêtre et envoya le verre à la cuisine.

Quoiqu'il appréciât fort le général Bonaparte qu'il connaissait depuis longtemps et qui était son confrère à l'Institut, mon père, comme on voit, ne faisait pas grand cas du présent de l'honnête Boulaud. Quelque années plus tard, il aurait peut-être été moins dédaigneux, et, pour moi, j'ai toujours regretté l'écaille et le verre qui, s'ils eussent été conservés, figureraient aujourd'hui honorablement au musée des souverains.

Notre table s'est augmentée d'une jeune et jolie dame qui vous a vue chez votre tante, Mme de Belabre (1). Je vous en parlerai à mon retour.

—

Vichy, 28 août 1857.

A LA MÊME.

Le 27 août, je vais au bal ; mais déjà bien des familles, chassées par le mauvais temps, ont quitté Vichy, et il n'y a que peu ou point de danseuses : en revanche, les douairières n'y manquent pas. J'écoute l'orchestre de Strauss qui fait merveille.

A défaut de danseuses, c'est une chauve-souris qui ouvre le bal. Elle passe et repasse entre les lustres, puis descend pour faire le tour du cercle en rasant toutes les figures. Les dames poussent de petits cris, quelques-unes veulent fuir, d'autres font mine de s'évanouir. Les

(1) La marquise Le Cogneux de Belabre, née Tillette de Mautort, nièce de feu le général comte Louis de Clermont-Tonnerre.

hommes rient. Mais voilà la bête qui s'abat sur l'orchestre et s'escrime entre les violons et les trombones. Les musiciens ne savent plus où ils en sont. L'un d'eux, en voulant l'éviter, renverse son pupitre qui fait trébucher le piston.

Bientôt une autre arrive ; elle est de première taille, mais la peur la fait paraître deux fois plus grosse qu'elle n'est. Alors c'est un sauve qui-peut universel; les musiciens eux-mêmes battent en retraite, et je reste seul dans la salle avec les deux bêtes dont la compagnie, comme on pense, ne me retint pas longtemps.

Je passe dans le salon de lecture, où les hommes se sont réfugiés. Les dames, au grand désespoir des joueurs de whist, ont, de leur côté, fait irruption dans leur sanctuaire, ce temple du silence. Là, toutes ensemble, elles parlent du danger auquel elles viennent d'échapper. Enfin le calme se rétablit, et quelques-unes consentent à faire un rob ou à se laisser faire échec et mat par quelque virtuose de l'échiquier.

Parmi les joueurs, on m'en fait remarquer un, au nom et à la figure étranges, qu'on disait trois à quatre fois millionnaire, et qui devait sa fortune à une étiquette peu longue, mais habilement choisie. Composée de deux mots moitié grecs, moitié latins, dès-lors d'aucune langue ni morte ni vivante, elle était complètement inintelligible et, par cela même, très-propre à allécher le public qui admire toujours ce qu'il ne comprend pas.

Ici, son admiration fut sans borne, et, pendant un quart de siècle, l'habile industriel, aidé de l'annonce et de la réclame, était parvenu à faire croire au bon Parisien, et, par suite, à l'Europe entière, que certaine substance, fort inoffensive d'ailleurs, guérissait de tous les maux, et il était ainsi parvenu à vendre trois francs l'once, grâce à l'étiquette, ce qu'on pouvait trouver partout, sans étiquette, à trois sous la livre.

Il exerçait paisiblement ce petit commerce depuis longues années, y gagnant, bon an, mal an, cent mille francs qu'il partageait fraternellement avec les fermiers de l'annonce et les trompettes de la réclame, lorsqu'il prit fantaisie à un client de faire analyser la drogue : elle se composait de quelques résidus herbacés qui, ainsi que je viens de le dire, avaient le mérite de n'être pas du poison, ce qui, au temps où nous vivons, est bien quelque chose, car il est des spéculateurs et de parfaits négociants qui, sous ce rapport, ne sont pas si délicats.

Depuis la révolution de 1789, qui abolit les priviléges, nous sommes convaincus qu'il n'en existe plus. Eh bien! moi je prétends qu'il en est encore, et les plus étranges du monde. Certes, nos tribunaux d'aujourd'hui valent, pour la morale et le bon sens, beaucoup mieux que les parlements d'autrefois. Ils mettent en cause tous les délits sans acception de personne, et le fripon gentilhomme n'est pas plus ménagé que le fripon vilain. Le vol sur le grand chemin, le vol avec effraction, le vol à la faillite, le vol à la tire, le vol au bonjour, au chantage, à l'américaine, à la dame de charité, etc., sont également poursuivis. Pourquoi le vol à la santé ne l'est-il pas? Si la loi punit celui qui nous tue par les toxiques, pourquoi ne frappe-t-elle pas celui qui arrive au même résultat en nous détournant des moyens curatifs, en nous vendant comme remède ce qui n'en est pas un, nous empêchant ainsi non-seulement de nous guérir, mais aggravant notre mal qu'il rend, par-là, incurable ou mortel? Or, ces empoisonneurs, souvent étrangers à la France, non-seulement ne sont pas punis, mais ils sont encouragés, applaudis, présentés comme les bienfaiteurs de l'humanité, déifiés enfin. Je n'en veux pour preuve que les journaux : des colonnes, des pages entières y sont consacrées à ces ébourriffantes apothéoses, vanteries accompagnées de lettres apocryphes, d'attestations sans valeur, proclamant hautement la guérison de malades qui n'ont peut-être jamais existé.

Je le répète donc, et je le dirai cent fois : lorsqu'il existe des peines contre les sophistiqueurs, les falsificateurs ou ceux qui trompent sur la qualité de la chose vendue, lorsqu'il est évident que ces drogues ne peuvent produire le soulagement ou les cures pour lesquelles on les annonce, qu'on les prône, qu'on les débite à haut prix, quand la tromperie est manifeste, quand l'analyse chimique le démontre, quand la partie saine du public connaît cet abus et le déplore, comment le gouvernement ne s'en émeut-il pas? Comment ses magistrats, ses procureurs impériaux, chargés de la vindicte publique, ne poursuivent-ils pas ces voleurs éhontés (1)? Comment les journaux, leurs complices et qui partagent le produit de leur fraude, ne sont-ils pas compris dans la poursuite? On les suspend, on les ruine pour un article contraire à la politique du jour, sous prétexte qu'ils égarent l'opinion, et on les laisse faire lorsqu'ils aident des fripons à

(1) Nous ne prétendons pas que tous ces faiseurs d'annonces soient ainsi, et qu'il n'y ait pas parmi eux d'honnêtes gens dont les remèdes ne soient utiles, mais c'est dans l'intérêt même de ceux-ci qu'on doit poursuivre les autres.

attenter à la santé, à la bourse, à la vie des citoyens, et qu'ils se parent de leur fortune mal acquise pour arriver aux honneurs. Et l'on nous dira qu'il n'y a plus de privilégiés !

Et vous, messieurs les docteurs, n'êtes-vous pas aussi un peu solidaires ? Je ne parle pas de ces praticiens à la suite, qui donnent, argent comptant, des certificats de complaisance : c'est une exception heureusement assez rare. Je m'adresse aux vrais médecins qui, par une insouciance ou une faiblesse inexplicable, négligeant à la fois leurs intérêts et ceux de leurs malades, se contentent de déplorer un abus si criant quand ils devraient réunir leurs efforts pour le combattre et le détruire. Est-ce donc chose impossible ? est-ce même chose difficile ?—Non ; il suffit de rappeler aux magistrats l'exécution de la loi. S'ils ne poursuivent pas d'office, vous docteurs, vous pharmaciens, déclarez-vous partie civile et faites rendre gorge à ces sangsues.

Qui fera les avances et les frais du procès ? demandera-t-on.—Je répondrai : vous. Qu'au moyen d'une légère cotisation et d'un fonds commun, une association soit formée contre les empoisonneurs privilégiés et ceux qui, en les préconisant, font tout leur succès : que l'annonce des journaux leur manque, les charlatans sont morts.

Que la terre leur soit légère ! Une fois enterrés, les vrais médecins reprendront leurs droits, et les malades leur santé.

Le public abonné à ces journaux y trouvera aussi son compte : il sera délivré de ces plates rapsodies, de ces tirades écœurantes, plus fades encore que les drogues qu'elles vantent.

Mentir pour mentir, j'aime mieux le charlatan en plein air, car parfois celui-ci est plaisant; les autres ne le sont jamais. On rougit pour eux et pour les feuilles qui spéculent sur ces turpitudes, spéculation dangereuse, parce qu'elle jette un vernis de fausseté sur tout le reste, et qu'en si mauvaise compagnie, la vérité elle-même paraît louche.

Un jour viendra où le journal le plus honnête sera le plus couru et bientôt le plus riche. Il suffit, pour cela, qu'il ne mente nulle part, pas même dans la feuille d'annonces. Sans doute il pourra être trompé, mais il pourra aussi remédier au mal et punir le trompeur par une contre-annonce qui rendrait à la chose frauduleusement présentée son véritable caractère.

La feuille d'annonces n'y perdrait rien, au contraire : ainsi purifiée et devenant chose sérieuse, elle reprendrait sa véritable valeur, parce qu'elle inspirerait de la confiance. Elle est aujourd'hui si décriée, que pour exprimer une chose dont il faut se méfier, on dit : *c'est une réclame.* Cette croisade contre l'annonce mensongère sera donc profitable à tous, même à l'annonce et à son fermier.

Assez sur ce sujet. Chère nièce, vous si bonne et qui jamais ne vous êtes mise en colère, vous allez bien rire de la mienne et croire que j'ai pris le choléra en avalant quelque drogue charlatanesque. Non, je n'en avale d'aucune sorte, pas plus de celles-là que d'autres, et, non plus que vous, je ne me mets en colère. Mais j'ai malheureusement près de moi une petite personne qui, nonobstant sa taille fluette, n'est pas si pacifique et qu'on ne conduit pas comme on veut : c'est ma plume qui, comme celle des médium, se met souvent à battre la campagne, et alors ne s'arrête que lorsque je la jette par la fenêtre : c'est ce que je fais en ce moment.

Ma prochaine lettre vous annoncera sans doute mon départ de Vichy ; je commence à en avoir assez.

—

Vichy, 31 août 1857.

A LA MÊME.

Je vous ai parlé des eaux de Vichy et de ceux qui les prennent, mais fort peu de la ville, car Vichy se qualifie de ville. En ceci il se vante : dans son état normal ou en dehors de la saison des bains, il ne compte que douze cents habitants, ce qui, dans aucun pays, ne constitue une ville. Mais à l'époque des eaux, c'est-à-dire du 15 juin au 15 septembre, cette population est quadruplée ; il en résulte que le village devient cité, et la plus hospitalière du monde, puisque toutes ses maisons, changées en hôtels, forment un vaste caravensérail où l'on est accueilli, logé, nourri et servi très-convenablement et à des prix modérés. Ajoutons que, comme on n'y joue que des jeux de société et qu'on n'y a que peu ou point d'occasions de dépenses, on n'y court pas, comme aux bains l'Allemagne, le danger de s'y ruiner. On y peut thésauriser, et, sous ce rapport, c'est un séjour que je conseillerais aux personnes qui ont besoin de faire des économies : si les eaux n'y réparent pas toujours les brèches faites à la santé par les veilles, les fêtes, les plaisirs dévorants des capitales, le séjour un peu prolongé qu'on y fera guérira infailliblement les plaies faites à la bourse.

Quant aux bals dont je vous ai parlé si souvent, ils ne tuent personne ; ils finissent toujours à onze heures.

Vichy, qu'on pourrait aujourd'hui nommer le pacifique, a eu aussi ses jours de gloire : avant de guérir les blessures, il en a fait. Ville de guerre, on l'a vu, casque en tête et lance au poing, soutenir des siéges et rêver des conquêtes. Les noms de ses princes et seigneurs suzerains vivent encore dans ses annales : Bouchard en 1308, Robert son fils, Jean Odin et Raoul ses petits-fils, ont, jusqu'en 1329, illustré ses murailles. Encore ne parlons-nous ici que du Vichy chrétien ; il avait un aîné nommé *Aquæ calidæ*, cité romaine dont, en creusant un peu le sol, on retrouve les fondations avec ses pénates et dieux lares sous forme de gentilles statuettes qu'accompagnent des restes de vases, de mosaïques, et des médailles. Il paraît que les Romains, comme depuis le Petit Poucet, semaient tous les lieux où ils passaient, afin d'y reconnaître leur route, non pas de cailloux, mais de bonnes monnaies courantes, car il est peu de pays où l'on ne retrouve de ces pièces impériales ou consulaires.

Vichy a aussi les siennes, qui sont, comme ailleurs, l'objet d'un petit commerce, et tous ses gamins y sont tant soit peu antiquaires.

Mais les vieux du métier y ont découvert mieux que cela : ce sont des débris d'aqueducs, de fontaines, et même une voie, comme ces Romains savaient en faire, pour l'éternité, et qui prouve non-seulement le long séjour qu'ils y firent, mais que ces *aquæ calidæ* y attiraient alors la foule comme aujourd'hui. Ces légions, de même que nos régiments de la garde et de la ligne, y envoyaient leurs infirmes et leurs blessés.

De son côté, le beau monde y courait : consuls et tribuns, pontifes et augures, prêtresses matrones et vestales y venaient, ainsi que font nos ministres et directeurs généraux, nos évêques ou leurs suffragants, nos docteurs en théologie et nos missionnaires, enfin nos religieuses et dames patronnesses. Les noms et les costumes seulement sont changés, et la cuisine a probablement d'autres sauces.

Quant aux médecins, on ne peut douter qu'il n'y en eût, voire même des chirurgiens, car on y a trouvé le cachet d'un oculiste : peut-être alors, au lieu de lunettes, y prenait-on les eaux contre la myopie et les maux d'yeux, comme on les prend aujourd'hui contre les vapeurs et l'humeur noire.

Dans des temps plus rapprochés, c'est-à-dire vers 1372, Vichy, qui était Auvergne, devint Bourbonnais, et Louis II, troisième duc de Bourbon, après l'avoir fait murer et paver, le déclara sa capitale (1).

Il ne se borna pas là : pour le sanctifier, il y fonda un couvent de Célestins. Hélas! pour ces pauvres reclus, ce ne fut pas un séjour de paix : jamais moines n'eurent plus de traverses et ne gagnèrent le ciel par une route mieux semée de ronces : dans les guerres de religion,

---

(1) Ceux qui voudront avoir de plus amples détails sur Vichy peuvent consulter l'ouvrage très-bien fait de M. Louis Piesse, où j'ai puisé ces renseignements : *Vichy et ses environs*. Paris, librairie Hachette.

pris tour à tour par les protestants et les catholiques, battus par ceux-ci comme hérétiques et par les autres comme papistes, pillés par tout le monde, ils furent enfin supprimés par Louis XV d'accord avec l'évêque qui, dit la chronique, n'était pas fâché d'en hériter. On voit que, dès cette époque, on avait flairé les biens des moines, et que l'odeur en ayant paru grasse et bonne, l'exemple donné n'a pas tardé à trouver des imitateurs. L'expérience de tous les temps a prouvé qu'il ne faut pas que les moines deviennent trop gras s'ils veulent vivre.

Maintenant il s'agit de savoir pourquoi Vichy s'appelle Vichy. Les savants en *us,* ou si vous voulez, les latinistes, veulent que le mot *Vichy* ne soit autre que l'abréviation de *Vicus calidus,* laquelle n'est elle-même que la dérivation d'*Aquæ calidæ.* Cette définition me paraît très-heureuse, car elle satisfait également l'œil et l'oreille.

Les savants en *ich* ou celtiques repoussent l'étymologie des savants en *us;* ils assurent que le nom de Vichy se compose de deux mots celto-bretons : *gvich* ou *wich,* signifiant *force, vertu,* et *y* qui veut dire *eau.* Ici encore, rien n'est de mon crû, je ne suis que l'écho de la science; seulement j'ajouterai que *y* en patois gallois et armoricain signifie aussi *bleu,* parce qu'en effet c'est ainsi, quand le ciel est azuré, que se montre l'océan : or, si *wich* veut dire *vertu* et *y bleu,* il n'est pas douteux que l'ancien juron français, *vertu bleu,* si usité dans nos vieilles comédies, ne vienne de là. J'espère que voilà de la science pure, et que nos érudits seront contents !

Ce matin j'ai visité les environs de Vichy, ce que j'aurais dû faire plus tôt : c'est une promenade qu'on peut exécuter en quelques heures à cheval ou en voiture, et même à âne, cette providence des eaux.

Au retour, je vais faire mes adieux aux sources, y goûtant de toutes leurs eaux qui n'ont pas un meilleur bouquet les unes que les autres. En guérissent-elles moins? — Je ne saurais l'affirmer, car il me semble que je ne suis pas plus leste qu'à mon arrivée, sinon de langue peut-être, et une fort belle dame qui m'avait surnommé le Taciturne parce que j'avais paru huit jours au salon sans y ouvrir la bouche, prétend que je suis devenu fort bavard.

J'aurais à vous raconter mon excursion autour de Vichy qui a eu aussi ses incidents, mais il est près de minuit, et je dois partir demain matin : or, l'une des prescriptions du docteur est de dormir. Bonsoir donc, chère nièce. Si je ne m'arrête pas à Bourges, c'est de Dun-le-Roy ou de ma campagne de Chalais que je vous écrirai. Mille choses à votre mari que j'embrasse, ainsi que vos enfants.

Dun-le-Roy, 3 septembre 1857.

A LA MÊME.

Le 1er, à six heures du matin, je quitte Vichy. J'ai pour compagnons de voiture une jeune et jolie Anglaise, un vieux viveur que sa femme appelle Achille, enfin le nabab de l'annonce dont j'ai cité la fortune et les hauts faits. Il ne faut pas croire qu'il en soit moins considéré ; non, le succès, en ces sortes d'affaires, légitimise les moyens. Je vous ai dit qu'il était à Vichy sur le meilleur pied, et bien des gens s'y tenaient très-honorés de sa compagnie et de ses poignées de main, et cela de la meilleure foi du monde : c'était, à leurs yeux, un habile chimiste et un savant de premier ordre : s'étonnant qu'il ne fût pas décoré, ils l'auraient volontiers présenté pour le prix Monthyon, bien dû, selon eux, à ce bienfaiteur de l'humanité. Aussi notre Achille, qui a eu l'honneur de manger à sa table, qui espère y manger encore et ne demanderait pas mieux d'être son Patrocle, ne peut s'expliquer ma froideur pour un si grand homme ; il me prend pour un envieux, un jaloux de ses succès et de sa célébrité.

A Bourges, je revois la maison de Jacques Cœur, l'une des grandes figures du xve siècle, négociant, diplomate, guerrier et mort dans l'exil, victime de l'envie, de l'avidité des courtisans et de la faiblesse du roi qui était son débiteur. C'était ordinairement ainsi qu'à cette époque les souverains payaient leurs dettes. La mode en a duré longtemps ; on peut même dire qu'elle dure encore, sauf chez nous pourtant : on y fait des révolutions, mais non des banqueroutes.

Je n'oublie pas la cathédrale et ses beaux vitraux, les seuls en France qui aient survécu au vandalisme révolutionnaire. Il faut dire qu'aucune décision spéciale n'avait ordonné le bris des vitraux : comme des verres sont nécessaires aux fenêtres, force eût été d'en remettre dans toutes les églises devenues temples de la Raison ou simples magasins à fourrages. La destruction ici ne fut donc pas officielle et du fait de l'autorité ; les vandales furent les enfants, trouvant un plaisir infini à prendre pour but ces beaux carreaux rouges, jaunes ou bleus, et à faire voler en éclats quelque face de saint resplendissant sous son auréole.

De tous les êtres de la création, l'homme est le seul qui brise pour le seul fait de briser. L'animal est destructeur par besoin, par prévoyance, par peur ; enfin, en brisant, il a toujours une raison pour le faire : il sait ce qu'il fait. Tandis que l'homme, dans sa stupide fureur, détruira ce qu'il admire ou ce qui lui est nécessaire.

Cette fièvre de destruction est l'accompagnement obligé de toutes les révoltes, de toutes les révolutions : avant de s'en prendre aux individus, on s'en prend aux monuments. Combien n'en renversa-t-on pas durant les années néfastes qui suivirent 1789 ? Mais, comme nous le disions, Bourges fit alors une heureuse exception ; les enfants y étaient plus sages qu'ailleurs ou mieux gardés par leurs parents, la belle cathédrale fut respectée ; les saints, qu'ils fussent de bois ou de pierre, y gardèrent leurs têtes.

Les alentours de l'archevêché ont conservé aussi une partie de leurs arbres qui forment encore une fort agréable promenade. Nonobstant cet avantage et son heureuse position, Bourges est une ville qui n'est ni belle ni gaie. Bien qu'ancienne capitale, elle est mal bâtie et peu peuplée ; la solitude de ses rues inspire la tristesse.

Le pays n'a pas gagné depuis mon dernier voyage. Je cherche en vain l'hôtel de la Poste, ses dîners plantureux et ses pimpantes chambrières : tout a disparu.

A l'auberge où je vais déjeûner, je rencontre un

jésuite venu de **Bourbon-l'Archambaud**. Il me dit qu'il y était allé complètement impotent et ne pouvant marcher que soutenu par deux hommes, et, au grand étonnement de tous, il en revenait très-ingambe. De nos jours, il n'y a plus de miracles que pour les jésuites, et c'en est un assez beau lorsque, proscrits encore en 1848, ils sont aujourd'hui une vraie puissance. Puissent-ils en bien user !

Le même soir, je vais coucher à Dun-le-Roy.

Je me réveille à cinq heures ; le temps est noir. Je vais revoir l'église qui est assez belle, et les quartiers où, en 1849, j'ai visité tant de cholériques. Je ne le faisais ni par jactance ni par simple curiosité, mais bien par régime : j'ai souvent remarqué, dans ma longue vie, que le moyen de se guérir de la peur n'est pas de fuir ce qui nous la cause, mais d'aller au devant.

Il est huit heures. J'attends M. Girault, mon gérant, excellent homme, et pour qui j'ai beaucoup d'estime. Le temps est moins triste que ce matin, cependant la ville ou le bourg, comme vous voudrez, n'en est pas plus gai. A quoi peut ici passer sa vie celui qui n'a rien à faire ? C'est ce que je me demande. Pas de société, pas de bibliothèque, pas d'industrie. Il est pourtant des gens qui ambitionnent ce bonheur négatif, et M. Chavanne, mon hôte et maître de poste, quitte son auberge et sa poste pour jouir de ce *far niente* ou de cette paix de la tombe ; il a tout donné à son neveu, M. Chatain.

Je pars à huit heures et demie pour Beauséjour. J'y déjeûne, et je vais à ma terre de Chalais qui en est voisine. J'y retrouve les Baster mes métayers, famille patriarchale, laboureurs de père en fils depuis qu'il y a des charrues. Une noce se prépare dans la ferme : le fils aîné doit épouser la bergère ou, comme on la nomme dans le pays, *la moutonnière*. La bergère, dans les grandes exploitations du Berri, est un personnage important : le bon état du troupeau dépend beaucoup d'elle ; aussi en exige-t-on certaines connaissances médicales. Elle est aux brebis ce que le vétérinaire est aux chevaux, aux vaches et aux bœufs : elle doit connaître leurs maladies et leurs remèdes, et, au besoin, se servir de la lancette. Pour être élue bergère, il faut donc avoir plus d'instruction que n'en ont communément les femmes de ce pays. Une bergère capable devient ainsi un parti très-sortable pour un fermier : son savoir lui tient lieu de dot.

Celle-ci est une belle jeune fille fort intelligente, et qui, en épousant le fils aîné, deviendra un jour la maîtresse de la ferme. Tel est l'usage du pays : le premier né des enfants remplace son père. Alors ses frères lui doivent obéissance. Il en est de même de leurs femmes : quelque soit leur âge, elles deviennent les cadettes et les servantes de l'épouse de l'aîné, ne fût-elle pas majeure.

De génération en génération, les Baster se gouvernent ainsi ; ils n'en sont pas plus malheureux, et la paix règne entr'eux. Seulement lorsque la famille devenant trop nombreuse, il y a plus de bras que le travail n'en exige, l'excédant va, dans quelque commune voisine, fonder une colonie, ou gérer quelque métairie en cheptel comme l'est Chalais, selon la coutume locale : c'est la ferme primitive, ou la rémunération du travail par le partage des fruits.

Je passe, comme le roi Admète, la revue de mes troupeaux, en commençant par les chevaux et juments. Je vois les bœufs, les vaches, et une douzaine de jeunes taureaux qui, déjà aussi grands que leurs mères, et pourvus de cornes fort effilées, auraient pu donner à réfléchir à quelque conseiller en robe rouge ou à un dragon anglais dans son écarlate d'ordonnance. Mais je n'avais de rouge que ma figure échauffée par un soleil qui s'était montré entre deux nuages. Mes jeunes minotaures me flairèrent beaucoup : le résultat de cet examen leur ayant sans doute paru satisfaisant, ils se laissèrent flairer et caresser à leur tour, et la connaissance fut faite.

On a ici le bon sens de ne pas maltraiter ces animaux, ce qui les rend moins méfiants, et conséquemment plus doux qu'ailleurs. Les taureaux picards, dont l'éducation n'est pas si libérale et qu'on élève d'après l'ancien système, ont le caractère moins conciliant, et quand on n'est pas de la maison ou de leur société particulière, il est bon de ne les admirer qu'à distance.

Après eux défilent les veaux et les poulains.

Vient ensuite le corps des moutons, ayant en tête la bergère escortée de ses chiens ses aides-de-camp naturels, et d'un jeune pâtre son officier d'ordonnance.

Puis paraît le porcher, autre autorité, qui fait parader devant moi une véritable armée de porcs divisés en trois corps selon leur taille et leur poids, les voltigeurs en avant : ce sont les jeunes et les maigres; puis viennent les laies; enfin les vieux mâles ou verrats, les grognards de l'armée, dont le conducteur voudrait me faire prendre les grognements pour des vivats. Je fais semblant de le croire, mais leurs regards de travers indiquent que leur satisfaction de me voir n'est pas excessive. Le cochon aime à faire chaque chose à son heure : non plus que son consanguin le sanglier, il n'entend être dérangé de ses habitudes de ménage. Ceux-ci vivent dans les bois une bonne partie de l'année, en compagnie de leurs analogues sauvages. Se nourrissant du même gland et s'abreuvant à la même source, ils en ont à peu près repris les mœurs, et, sans l'appât d'une ration de son et de légumes qui les ramène au logis à l'heure dite, ils pourraient bien fausser la compagnie et ne plus quitter la forêt.

Au surplus, on peut dire que ce pays est la Cocagne ou l'Eldorado de l'espèce porcine dans son état de nature. Plus heureux que leurs aïeux d'Erymanthe, les sangliers du Berri peuvent fort bien y mourir de vieillesse : on ne les y chasse guère ; ils s'y multiplient à l'aise, et je ne pouvais faire un pas dans mes bois sans tomber dans quelque bauge. Ce n'est donc pas ici un gibier rare, et le fermier voudrait qu'il le fût un peu plus. Il a, comme la taupe, un penchant au fouissage, à la seule différence que celle-ci travaille en dessous et lui en dessus : pour l'agriculture, l'un ne vaut pas mieux que l'autre.

Les porcs ne s'étant pas bien vendus au dernier marché, le métayer me demande l'autorisation d'en envoyer quelques douzaines à Paris par le chemin de fer. J'y consens à la condition qu'il ne les mettra pas aux wagons de première classe : recommandation qui n'était pas hors de saison, car à l'éloge qu'il en faisait et aux égards auxquels il prétendait qu'ils avaient droit, je vis qu'aucune place, à ses yeux, n'était trop bonne pour eux.

Le défilé terminé, je récompense les officiers, non par des décorations, mais par quelques pièces de cinq francs distribuées selon leur rang et la bonne tenue de leur personnel à qui j'accordai, pour fêter ma bienvenue, une ration extraordinaire d'avoine aux chevaux; de légumes aux bœufs, aux vaches et aux torillons; de lait aux veaux; de sel aux moutons, et de son aux cochons. Ceux-ci auraient préféré les truffes, mais elles sont rares en ce pays.

Je passe à une besogne moins amusante : celle de prendre note des réparations à faire. Je commence par celle des chemins, puis des fossés de clôture et de dessèchement, ce qui n'est pas une petite affaire : l'étendue de ces fossés, qui entourent la propriété et divisent et assainissent mes champs, est de seize kilomètres. Creusés par les soins de mon prédécesseur, ce travail lui a coûté, dit-on, près de vingt mille francs. Les haies forment une étendue à peu près égale.

J'ordonne aussi la plantation d'arbres fruitiers, et je m'assure qu'on n'a pas détruit le poisson de l'étang où s'engraissent fort bien les carpes et les tanches lorsqu'on leur en donne le temps.

Quant au gibier, sangliers, chevreuils, loups, renards, ne chassant guère, je m'intéresse assez peu à sa conservation. Je vous disais que mes métayers se plaignent beaucoup des dégâts que ces bêtes causent, mais qu'y faire? Mes bois sont attenants à ceux de MM. de Mortemart et de Narbonne, qui les font fort bien garder, d'où il résulte que les miens, quoique je n'aie qu'un seul garde, se trouvent l'être ainsi beaucoup mieux que les Baster et moi ne le voudrions. L'autre jour, l'un des fils de la maison, ayant assez étourdiment tiré sur un de ces sangliers qui se trouvait sur son chemin, l'animal blessé revint sur lui, le renversa, et l'aurait éventré si les deux chiens de basse-cour, non loin de laquelle la scène se passait, accourant à l'appel de leur jeune maître, ne s'étaient jetés sur la bête et ne l'en avaient ainsi délivré. On conçoit qu'un gibier aussi mal appris soit peu du goût des fermiers. Ajoutons que quelque temps avant un loup étant entré dans la cour, y avait tué quatre oies. Agréables voisins !

Les cultivateurs de ce pays aiment les grands champs de blé : on m'en fait voir un, chez moi, qui a quatorze hectares, et deux autres presqu'aussi vastes. Ils assurent que dans ces grands champs, les sillons étant plus longs, le labourage est plus facile et, dès-lors, meilleur. Je ne suis pas compétent sur la question ; ce que je sais, c'est qu'un de ces théoriciens, ayant voulu étudier le système et tracer en droite ligne des sillons d'une lieue, a fait en effet les plus beaux champs de froment qui jamais aient flatté l'œil, mais il ne s'en est pas moins ruiné.

Ces propriétés du Berri ont des dimensions peu ordinaires : Chalais est une des moindres du canton, et elle a deux cent onze hectares d'un seul tenant. Celles de mes deux voisins, MM. de Mortemart et de Narbonne, en ont quatre à cinq fois davantage. Toutes ces terres sont bonnes, mais le manque de bras et, par suite la cherté de la main-d'œuvre, font que ces vastes terrains ne rapportent pas le quart de ce qu'ils donneraient dans les départements de la Somme, de la Seine-Inférieure, du Pas-de-Calais, de l'Oise, du Nord, etc. Il faudrait, en Berri, fonder une colonie. J'avais voulu mettre à la tête de mon exploitation quelques trappistes laboureurs, mais le supérieur s'y est refusé en disant que les statuts de l'ordre s'y opposaient. C'est dommage; ils y auraient trouvé leur compte, et moi le mien, et, par suite, mes métayers seraient devenus un peu plus savants en agriculture.

Ce soir ou demain matin, je me mettrai en route pour Paris; j'y resterai quelques jours. Je vous prie de faire dire à mes domestiques d'envoyer à l'hôtel de Bruxelles, rue du Mail, les lettres à mon adresse. Il est inutile qu'ils m'expédient les livres et les brochures; je les trouverai à Abbeville où je serai vers le 15 septembre, si je ne vais pas passer quelques jours à Londres.

Au revoir, ma chère Noémi.

Abbeville, imp. P. Briez.

www.ingramcontent.com/pod-product-compliance
Lightning Source LLC
LaVergne TN
LVHW050611090426
835512LV00008B/1438